戦争の記憶をどう継承するのか

広島・長崎・沖縄からの提言

沖縄大学地域研究所 編

沖縄大学地域研究所叢書

芙蓉書房出版

まえがき

沖縄大学教授
沖縄大学地域研究所長
緒方　修

戦争記憶の継承

日本本土では八月六日のヒロシマ、九日のナガサキ、そして十五日の敗戦（終戦）記念日。この週は戦後を振り返る記事がテレビ、新聞にあふれる。逆にそれ以外の日はあまり振り返らない。沖縄では六月二十三日（二十二日という説も有力）、実質的な戦闘終了の日を前に様々な記事が出る。二ヵ月後の八月はあまり「終戦」の記事は見かけない。

沖縄に移住してしばらく経った時に、沖縄戦はまったく終わっていないことに気が付いた。那覇にいてさえファントムジェット戦闘機のキーンという音が上空を騒がす。テレビや新聞で不発弾処理のための道路封鎖が予告される。米軍兵士のひき逃げや交通違反、家宅侵入、戦闘機の夜間発着や海上への墜落事故などが繰り返される。やんばるの森では映画「ランボー・怒りのアフガン」に登場するようなヘリコプター・アパッチが飛びまわっている。射撃演習の実弾が高速道路まで飛んでくる。日本本土では行われていない野蛮な軍事訓練が沖縄では日常茶飯事。沖縄の新聞は毎日書いているが、本土のマスコミは知らんぷり。遠いところの出来事は読者には関係ない。これはフクシマの出来事がなかなか沖縄ではピンと来ないのと同じだ。

沖縄大学地域研究所では設立以来二十年間にわたり、土曜教養講座を開催してきた。そろそろ五百回を迎えようとしている。大田昌秀・佐藤優対談（沖縄大学地域研究所叢書『徹底討論沖縄の未来』として芙蓉書房出版より刊行）や姜尚中講演では会場に入りきれぬほど観客が詰めかける。禁煙講座を開いた時は観客が少なかった。講演者の山代寛教授からは、煙草を吸う人は来ない、吸わない人は来ない、したがって誰も来ない、と予告された。結果は関係者八人、観客二人の最低記録であった。しかし山代教授は聞いてほしい人には伝わった、と意気軒高であった。

さて、この講座の中で毎年シリーズで行ったのが、「沖縄戦は終わらない」である。二〇〇九年には提携校である広島修道大学、翌二〇一〇年には長崎大学も加わり三元中継で開催した。

被災地である広島・長崎からのレポートは、沖縄とはまた違う戦争記憶の継承の問題を浮かび上がらせた。佐渡紀子氏は、広島では世界へ向けての発信は成功したが、次世代への教育の問題が課題、と問いかけた。高瀬毅氏は、被爆した浦上天主堂は何故取り壊されたかを探った。舟越耿一氏は、長崎への原爆投下は真珠湾攻撃の魚雷製造工場への報復の意味があるのではないか、と指摘した。いずれも大被害を被った都市からの重要な問題提起である。

死者からの聴き取り

本書の最後に登場するのが沖縄からの報告者、具志堅隆松氏である。彼は三十年にわたって遺骨収集を続けている。その功績が認められ二〇一一年に吉川英治文化賞を受賞した。賞金百万円は全て医療機関に寄付してしまった。本業は医療機械の修理。いつも少し汚れたズボンをはき、バイクで走り回っている。生活は楽ではなさそうだ。だが遺骨掘りを天職と心得ているらしい。少しの愚痴も言わない。宮沢賢治もきっとこんな人だったのだろう。

沖縄大学地域研究所では具志堅氏に特別研究員になってもらった。研究のためにたくさんの本や資料を読んだり、成果をまとめるのは研究者の仕事だ。彼はそれ以前の研究の素材そのものを発掘し、世の中に出している。心理学、人類学、解剖学の専門家も加わり、共同研究班を作ることにした。その打合せの時である。「死者からの聴き取り」を進めませんか、と提案された。私は深くうなずいた。例えば集団自決―最近では「強制された集団死」と表現されることが多い―の現場では、遺骨たちはさまざまなことを語りかけてくる。手榴弾を爆発させ亡くなった人々、その中には不発弾を持った人もいた。先に死んだ人はむしろ幸せ。残された人たちは爆発しない手榴弾をうらんだだろう。彼らは地獄の中でおびえ、ためらい、そして自らの命を別の手段で絶っていった。具志堅氏はその様子が現場から分かるという。

沖縄戦は民間人を巻き込んだ最悪の戦場であった。生き残った人々は、ある者は口をつぐみ、ある者は狂った。一部の人だけが記憶を語り継いでいるが、老い先短い高齢者が多い。生者からの聴き取りは難しくなっている。しかし「死者からの聴き取り」はこれからも可能だ。戦争体験者が死に絶えれば、記憶が消えるわけではない。ヒロシマ、ナガサキと違い、まだオキナワには三千体以上もの遺骨が埋まっている。いやそれ以上、一万体ぐらいだ、という観測もある。これからＤＮＡ鑑定による身元確認も進められる。シベリア抑留中に死んだ人たちは遺骨の状態が良いので、ＤＮＡ鑑定が容易だが、沖縄で発掘される遺体は腐敗が進み、無理だとされてきた。しかし歯からの検出が可能であることが分かった。実際に身元が分かり故郷へ帰った遺骨もある。具志堅氏に聞いたことがある。

「沖縄ではガマ（壕）に入り、遺骨を掘ったりすると悪いものが付く、と恐れる人が多い。大丈夫ですか」

「いや、こちらは掘り出したい、向こうは出てきたい、と考えてますから、考えは一致しています」

　具志堅氏の問いかけに対して、これから沖縄戦の死者達が声を上げようとしている。沖縄戦は終わっていない。

戦争記憶をどう継承するのか——広島・長崎・沖縄からの提言——●目次

第1部

非戦の仕組みを考える

沖縄大学土曜教養講座
二〇〇九年八月八日

進行役　皆さまこんにちは。たいへんにお忙しい中、沖縄大学にお集まりいただきありがとうございます。本日の第四四九回沖縄大学土曜教養講座は、「沖縄戦は終わらない——非戦の仕組みを考える」と題して開催いたします。本日は新しい試みとして、沖縄大学地域研究所と広島修道大学、広島市立大学にも放映しております。そして早稲田大学ジャーナリズム教育研究所とともども主催をしながら新たな試みとして展開させていただいていますので、今日一日、大いに刺激的な議論を楽しんでいただきたいと思います。では、司会の沖縄大学地域研究所緒方修所長に代わります。

緒方　修（沖縄大学地域研究所長）　皆さんこんにちは。僕は昔、放送局にいましたので、こういうこと（二元中継）をしょっちゅうやっていました。沖縄大学と広島を結んでやるというのは実は初めてなんですね。インターネットでやれば簡単なんですけど、会場で流しながらやるのはまだまだ技術的には課題があるようです。おそらく、ぎくしゃくした画になるかと思いますが、三会場を結んでやってみようという試みです。

最初に、沖縄大学の桜井学長からご挨拶を申し上げます。

桜井国俊（沖縄大学学長）　皆さんこんにちは。提携大学、広島修道大学と結んで三元中継で土曜教養講座を始めさせていただきます。本日会場においでの皆さんは、甲子園で興南高校が現在試合中であるにもかかわらず、こちらを選んでいただいた大変熱心な観客の皆さんです。どうもありがとうございます。

戦後六十四年経ちましたが、この間、沖縄は常に戦争と隣り合わせでした。いままた新たな基地がつくられようとしています。これはある意味では、新しい戦前状態ではないでしょうか。日本全体が平和憲法のもとに平和を享受してきたかのように語られますが、それは真っ赤な嘘です。沖縄にすべての問題を押し付けていたからこそ、見かけ上、本土に平和があったかに見えるにすぎません。そのような意味で、この沖縄から次のアジア・世界の平和を捉えなおす、その原点に沖縄大学はならねばならないと考えています。

広島修道大学では「修大スタンダード」を設けておられますが、沖縄大学でも「沖大スタンダード」を設けています。すべての沖縄大学の学生は、沖縄についてきちんと理解し、沖縄の課題を認識して次の時代を切り開いていく、そういうことを学ぶためのカリキュラムを組んでいます。

広島修道大学では、「修大スタンダード」のもとに、広島について学ぶ、そこでは核を体験した六十四年前の広島の経験、これを未来につないでいくということを大きな課題にすえてやっておられると思います。この二つの大学が連携していくということは、非常に大きな意義があると思いますし、こういうかたちで繋いで議論を展開することは、時代の先端を行く技術を使って次の時代を切り開く試みであると思っております。

今日のシンポジウムが充実したものとなることを期待し、開会のご挨拶とさせていただきます。

緒方　それでは広島修道大学の川本明人学長にご挨拶をお願いします。

川本明人（広島修道大学学長）　沖縄大学にお集まりの皆さん、またインターネットで画面をご覧の皆さん、こんにちは。本日は、沖縄大学土曜教養講座に本学もインターネットを通じて参加させていただいています。また、本日のゲストスピーカーに本学の佐渡紀子准教授をお招きいただきありがとうございます。

ただいま沖縄大学の桜井学長からもお話がありましたが、三年前、本学と沖縄大学の間で交流協定を締結させていただき、これを機に学生が沖縄で学ぶ機会を与えていただきました。また本日、両大学を軸として、沖縄・広島の共有の問題を考える素晴らしい企画を与えていただき、ありがとうございます。

沖縄とともに広島においても戦争の問題は大変重要な課題です。一昨日の八月六日、広島では六十四回目の原爆死者の慰霊式・平和記念式が執り行われ、私も参加いたしました。沖縄・広島・長崎、そして日本全土、また世界各地域でこういった戦争の悲劇は未だに消えていません。そして、現在でも平和を希求する大きなうねりに対して立ちはだかるさまざまな障害があるのも事実です。本日のシンポジウムは大変重いテーマを掲げられましたが、活発に討議が行われ、大きな成果が得られることを祈念しております。

最後になりましたが、この企画を準備していただいたスタッフの皆さんにお礼を申し上げます。

緒方　今日のメニューは、最初に参議院議員の糸数慶子さんに「戦跡めぐりと平和の構築」というテーマでお話しいただきます。皆さんご存じのように、単なる観光的な名所めぐりではなく、平和を考えるガイドに変えて、多くの修学旅行生が訪れるようになり、教育面にたいへんな貢献をされたわけです。そのことも含めていろいろお伺いしたいと思います。その後は、広島修道大学の佐渡紀子さん、アジアプレス・インターナショナルの野中章弘さんにお話しいただきます。この三本立てでやります。その途中で、広島からも質問を受けたりしてやりとりしたいと思います。

戦跡めぐりと平和の構築

糸数　慶子

糸数慶子（参議院議員）　私は一九四七年生まれで、子どもは三人、孫四人に恵まれていま す。参議院議員として国政の場に送っていただいておりますが、沖縄で生まれ育ち、地元のバス会社に二十年ほど勤めていました。仕事柄、沖縄のことを学ばなければ仕事になりません。学んでいくその中に沖縄戦というのがあったんですね。

沖縄で生まれ育ち、私と同じように年齢を重ねても、沖縄のことに関心を持たない、沖縄戦に関してあまり関心を持たない人もいらっしゃるでしょう。私は生まれたのが読谷村であり、私の両親の戦場体験があり、私の仕事がたまたま観光バスのガイドでした。そして、参議院議員として県民の皆さんから送っていただいたということもありますので、そういうところからお話しさせていただきます。

通称「平和ガイド」といいますが、普通の観光バスで回るような戦跡めぐりに最初からいったのかというと、実はそうではありませんでした。沖縄大学では、実は十年間、「沖縄の観光実務」という授業をさせていただきました。二単位とれるということもあり、三百名ほどの方が受講されていました。仕事の関わりの中で沖縄戦や沖縄の状況を知らなければならない、という卒業生たちも多い。そういうところの接点は現実に今もまだあり、そんな意味でも私にとってこういう立場に立つということはまったく予想もしていませんでしたが、以前やっていた仕事と今の仕事がとても深い関わりを持っているということは改めて感謝したいと思っています。

糸数慶子氏

一九四七年生まれだと申し上げましたが、私が生まれて育った読谷村はご存じのとおり、一九四五年四月一日にアメリカ軍が沖縄本島に最初に上陸した地点です。北谷、嘉手納、読谷、沖縄本島西海岸の三ヵ所にアメリカ軍は上陸しました。その前年の一九四四年十月十日には十・十空襲があり、那覇の町の九割が焼けたといわれています。一九四五年三月二十六日には西の方の慶良間諸島にアメリカ軍は上陸しています。

慶良間諸島の三日間の戦いの中で、今の教科書問題に大きく出てくる、手榴弾が住民に二個ずつ配られ、それが県民が強制集団死に追いやられていくきっかけであった。しかし、文部科学省は教科書検定の中でその部分を削除し、県民が進んで軍隊に荷担したと、記述を改め、今、問題になっている島です。

もう一つ、沖縄戦というのは被害と加害と両側面をもっています。朝鮮人軍夫、そして朝鮮から強制連行されてきた慰安婦の問題とも重なっており、ある意味、沖縄戦の縮図みたいなところが、この慶良間諸島にありました。

米軍が読谷村に上陸したときの状況をアメリカのアーニー・パイルという新聞記者が『ニューヨーク・タイムズ』に送っています。その記事の中にこんなことが書いてあります。太平洋戦争の中でも初めて日本に米軍が上陸する地上戦であるので、大変な戦いが展開されていくであろう。そういうことから、今まで食糧をふんだんに使うことが出来なかった米軍が、初めて船の中でたいへんなご馳走をふるまった。つまり、今まで乾パンとかインスタント食品しか口にすることがなかったアメリカ軍が、沖縄本島に上陸する前夜はまさに最後の晩餐ともいわれるくらいのたいへんなご馳走を振る舞った。「自分たちは、これだけご馳走を出して太らされて殺されるんだな」と米兵が思ったくらいのご馳走であった。

ということは、翌日の沖縄上陸はたいへんな戦いが想定されたいたわけです。でも、実際に上陸してみたら日本の軍隊はほとんど弾の一発もアメリカ軍に撃ち込むことなく、無血上陸を許した。これが読谷村であり、今の嘉手納町と北谷町であったということです。

戦争前は、嘉手納と北谷は一つの村で、北谷村の中に嘉手納も組み入れられたということなのですが、戦争が終わってアメリカ軍が今の嘉手納基地をつくるために二つに分村することを余儀なくされました。戦後嘉手納町になり、今の北谷町になりました。

この三つの町や村に米軍が上陸した状況はアメリカの報道記者の表現によると、「ある者はぺちゃくちゃおしゃべりをしながら、ある者はガムをかみながら、身体一つ濡らさず上陸した状況はエイプリルフール、まさに自分たちが想定した上陸の凄まじさとは打ってかわって無血上陸できた」。上陸が四月一日だったこともあり、「エイプリルフール」と表現されたようです。

読谷村、嘉手納、北谷には米軍十八万三千人が上陸したようですが、沖縄戦の際、島を取り巻いている米軍の数は五十四万人だったようです。日本軍は十万人の正規軍人しか沖縄には配属されておらず、ひめゆり学徒や健児隊に代表される、今でいえば中学生や高校生の年齢の学徒たちが強制的に戦争に荷担をさせられていきました。戦争の歴史の中でもまれに見る学徒動員が実際になされたのです。それから、地元のお年寄りまでも動員される。そういう方々を全て合わせても約一万人、つまり防衛隊として動員された方々を合わせても十一万人という弱小部隊だったようです。十八万三千人の米軍が上陸したときに水際作戦を展開するのであれば、おそらくその場所で沖縄戦は終わっていたであろうという状況だったんです。

ですから日本の軍隊は、沖縄に米軍が上陸するのを聞きつけて、地上戦を展開して一日でも長く沖縄で戦うことは、日本全体を守っていくための出血持久作戦であるとしたのです。四月一日の沖縄本島上陸から、六月二十三日に牛島満司令官が亡くなるまでの八十日あまりの沖縄戦では大変な地上戦が展開されたということなんですね。

なぜ、そのようなことを申し上げるのか。広島には原爆が投下され、長崎にも原爆が投下されました。テレビでご覧になったと思いますが、麻生太郎総理大臣はどんな気持ちで、あの場に立ってお話をされているのか、私はとても大きな疑問が残ったのです。

原爆では一瞬のうちに二十万人以上の方が亡くなりましたが、沖縄戦ではまさに戦場になるところも民間の人が住んでいる地域も分けて戦ったわけではありません。一瞬のうちにたくさんの方が亡くなって、今も原爆の後遺症に苦しんでいる方が本当にたくさんいらっしゃるという、たいへんな状況を広島も長崎も体験されていますが、沖縄では地上戦が展開されたときに日本の軍隊がやったこと、そして沖縄の人たちが外から来た人たちにやっていたこと、そしてまだ戦後が終わっていないという、その現実は、広島とはちょっと違うんですね。

先ほどの桜井学長のお話の中にもあったように、沖縄は戦争中にも切り捨てられ、そして戦争が終わっても日本の国から切り捨てられました。そのうえ、今ある基地をまた沖縄県内に移設するという状況の中にあります。気がついてみたら、戦前、戦中、戦後、ずっとこういうかたちで日本の国に組み込まれたお陰でたいへん大きな犠牲を強いられているのが現実です。これは広島、長崎とはちょっと異なったかたちの戦争のあり方、そして戦争が終わった後の戦後の実態だと思います。

今日、土曜教養講座の中で目指すのは、これから先、どうしたら平和を構築することができるかということです。仕事として平和ガイドをしてきた、その延長線上に今の国会の参議院議員としての一議席があると申し上げた理由がそこにあるからです。

国会でも無所属の一議席であり、私は今まさに八月三十日の選挙に向けて非常に厳しい戦いの中におります。ここで五十分ぐらい話をするのですが、ここに来る前に、そんな時間があるのかと皮肉たっぷりに言われました。しかし、これこそが私の持つ一議席の重みであると思い、喜んでここに飛んできました。無所属ですので、本会議でも質問もできませんし、沖縄と北海道を中心とした沖北委員会でも質問ができません。それから外交防衛問題でも委員会で質問ができないんです。

ただし、無所属の良さもあります。つい最近、長野県にある長野信濃政治学習塾というところに呼ばれました。女性議員をどんどん出していきたいということでした。長野県は県議会における女性議員の比率が全国一なんです。それを支えている無所属の女性たちが、手弁当で平和をつくる、そして女性の政治参画を図っていくという運動をしており、そこに呼ばれてお話をさせていただきました。あちらの女性たちは、長野県から初の女性総理大臣を出すんだと意気込んでおり、コツコツと運動を展開しています。そういうところに呼ばれるのも、今のところ無所属であればこそと思います。

話がまた戻りますが、沖縄戦における日本軍は、北海道から鹿児島まで、もちろん沖縄の地元で動員された方々も含め、全国の混成師団として編成されたので、戦後、糸満市の摩文仁の丘には本土の各県の慰霊の塔が建立されました。それは日本全国から沖縄に兵士たちが送られてきたということを物語っています。

沖縄にバスガイドが誕生したのは昭和二十九年頃です。そのときに初めて北海道から遺族の方々が訪れたようです。北海タイムスや北海道庁が中心になって、慰霊の塔を建立しました。北海道の方々が沖縄戦で一万人余り亡くなっています。一番犠牲者を出しているところなんですね。それで兄弟や夫や家族の最後の場所を見届けたい。その地に立って、その場所で苦しんだ家族のせめてもの魂を慰めたいという、そのような思いがあって、初めてツアーで沖縄に来た方々が摩文仁や沖縄戦で激戦地になったところを回っていったことがきっかけになって、沖縄の遺族会が中心になり、バスガイドが話をしていくテキストを作り出したんです。

余談になりますが、私は団塊の世代の生まれで、読谷高等学校から某国立大学を受験しました。残念ながら合格できませんでしたが……。私は小学校の音楽の先生になるのが夢で、いつでも歌が歌いたいという、とても音楽の好きな女の子だったようです。ですけど、いろいろあって、あまり勉強せずに違う運動をしていたので、大学合格は果たせませんでした。一緒に受験した友人が、毎日歌が歌えるところがあるから行こうと連れていかれたところがバス会社でした。バスガイドはいつでも歌が歌えるということで、友達の誘いにのって行ったんです。団塊の世代ですから、そこも百人以上の方が応募していました。たった十人しか受からないということで最初から諦めていたのですが、何が功を奏したのか分かりませんが、私は受かりました。私を誘った友人は残念ながら受かることはできませんでした。彼女には今でも言われています。私がバスガイドになっていたら今頃国会に行っていたのにと。

観光バスに乗り始めて戦跡案内をするようになりました。牛島満司令官は素晴らしい軍人で、こんな最期を遂げたんですよ、太田実中将は「沖縄県民かく戦えり」と、最期まで県民を思って豊見城の海軍壕で亡くなりました、ひめゆり学徒も戦争に協力をした素晴らしい女子学徒でした……。殉国美談といいましょうか。お客様がひめゆりの塔に到着するころには涙を流してハンカチを振り絞って説明に聞き入っているようにならないと一人前のガイドではないよ、と先輩に教わってきました。実は私もそういう案内をしていたんです。

しかし、疑問を抱き始めたんです。沖縄戦の説明には、地元の人がどうしていたのか一行もないのはなぜかと。ある日、ひめゆりの塔の前で一所懸命説明をしていたときのことです。聞いていた方が説明が終わった後にこうおっしゃったんです。「ガイドさん、あんたとても丁寧に素晴らしい説明しているけど、でも違うよ」と。その方は、ひめゆり第三外科壕の中での生存者のお一人で、看護隊の一人としてその中に入っておられた具志八重さんという方だったんです。この方はたまたまお友達に戦跡を案内しておられたんです。いつも疑問に思っていたけど、やっぱり今日は話しましょうということでひめゆり部隊の話をされて、私も、これまでのガイドの説明を疑問に思っているところがいっぱいありましたので、そのことが大きなきっかけになって、できたら、詳しくひめゆり学徒隊の本当のお話をぜひ聞かせてくださいと申し上げました。でもそのときは、彼女も別にお友達がいて案内をしている最中でしたので、その場でお話をすることはできませんでしたが、やっぱりそうだったのかというふうに思ったんです。

沖縄の平和をつくる百人委員会というのがあります。沖縄タイムスの豊平良顕さんあたりが中心になって、琉球新報社の池宮城秀意さんとか、いろんな方々がメンバーに入っており、八汐荘で沖縄の平和について考えるつどいがありました。なぜか私はそのときに俳句をやっており、その俳句を画に描いて、俳画として会場に私のグループの皆さんで展示するので一緒に出してくれということで展示をしたんです。その中で、いろんな研究者が発表されるんですが、バスガイドへものすごい厳しい批判がありました。それは当然だと思うんです。私も案内をしながらおかしいなと思っていました。軍人の説明はするのに、住民は当時どうしていたのかというのが一行も出てこないのはなぜか、という疑問です。

ただ、あまりにもひどいバスガイド攻撃にとうとうたまらなくなり、会場から手を挙げて、「申し訳ありませんけれども一言言わせてください。先生方は新聞に書いたり、こういう場所で発表したりして、バスガイドをやり玉に上げていらっしゃいますが、具体的にどこをどう説明したら変わりますよとか、当時の住民はどうでしたよ、ということを、バス会社に来たり、直接私たちに教えて下さる方が一人もいらっしゃいません。何かあると攻撃だけしてらっしゃいますよね」と言いました。私は、会場の皆さんとは反応が違うんだろうと思っていたんですけど、拍手がありました。シンポジウムが終わると、待ってましたという感じで、その先生方が私の回りに集まりました。ぜひ薦めたいと言われたのが『虐殺の島』という本でした。沖縄国際大学の石原昌家先生が大学生と一緒に沖縄の国頭から与那国まで、波照間も含めてフィールドワークで、当時戦争を体験された方々の戦場体験をまとめてありました。その中に詳しく住民の戦場体験が紹介されていたんです。

実際に皆さんの疑問に思っていることがこの本の中にはあると思うので、その本を書いた先生とぜひ会ってください、ということでした。翌日さっそく石原昌家先生とお会いしました。同じような気持ちで疑問を持ちながら活動しているガイドが他のバス会社にもいると聞いたので、そういう方々と一緒に一年ほど勉強会をしました。それが一九八〇年代のことなんですね。

そのことにいち早く反応したのが本土のマスコミです。地元の新聞には取り上げられませんでしたが、読売とか朝日とかいろんな新聞に取り上げられて、復帰何十年、何十年という記念の節目に出てきたんですね。それはバス会社で受け入れられたかというと、受け入れられませんでした。といいますのは、やっぱり観光バスのお客さんのほとんどがこの戦跡を回る遺族の方です。

考えてみていただきたいと思うんですが、四十六の都道府県から十一月頃になると慰霊祭が行われます。北海道がスタートになって、次から次に各県の慰霊の塔ができてきましたので、観光バスに乗られる方々の大半が戦跡を回る遺族会なんですよね。遺族会の方に、あなた方の家族が、お父さんやお兄さんが、沖縄の人たちをこんなふうなところに追い込んで……と話すことはできないのは心情的にも分かります。ですが、私たち沖縄県民の立場から言うと、軍隊は決して住民を守らなかったというのが、住民の立場からのもう一つの沖縄戦なのです。

もう一歩踏み込むと、沖縄の人たちが、ひめゆり学徒隊や健児隊にもあらわれているように、沖縄のチビチリガマであるとか、シムクガマであるとか、読谷村にもこういう沖縄戦の明暗を分けるような二つの戦跡が象徴的にあります。そういう状況をいきなり遺族の皆さんに紹介すると、確かにびっくりされます。ですけど、最初スタートの昭和二十九年あたりから十年経っても二十年経っても三十年経っても、同じような案内をずっとずっと繰り返していくバス会社に、私がガイドになって三年目ぐらいに、どうも違うように感じて、途中ガイド中断もあります。長崎の学校に勉強に行って帰ってきて、地元の琉球放送で二年ほど仕事をして、結婚して子どもが生まれて、さらに私自身がバスガイドに復帰する頃にちょうど海洋博がありました。

海洋博のときにいきなりガイドを養成するのもたいへんだから、元々バスガイドでいた人たちを集めてもう一回教育をして復帰してもらおうという、そんなこともありました。

私自身のガイド活動は通算すると二十年ぐらいになります。その前半の頃は遺族団を中心とした戦跡案内でしたが、違うよと言われて目覚めたというか、私の家族の戦場体験を初めて知ったことも、平和ガイドをしていく中でありました。これはコマーシャルになりますが、参議院議員として当選したときにこういう本が講談社から出されました（マンガ「平和の風」『BE・LOVE』17・18号、二〇〇五年）。平和ガイドをなぜ私がやっていったかというのはここの中にマンガで紹介されています。

私が皆様にお伝えしたいと思ったのは、住民の立場から沖縄戦を見たときに、決して守ってくれなかった日本の軍隊が沖縄にあったということです。一つだけ例を申し上げます。これは読谷村のチビチリガマの話です。

一九四五年（昭和二十年）四月一日にアメリカ軍が沖縄本島中部の読谷村の海岸に上陸したと申し上げました。読谷村に上陸する前に、昭和十九年十月十日の十・十空襲で、いきなり米軍が爆弾を投下したというところから始まって、読谷の方々は戦争が始まったら逃げるところはどこかということである程度準備をしたそうです。それが鍾乳洞だったようです。その一つに、チビチリガマがあります。読谷村の波平という地域の方々がそこに入ったんですね。もう一つ鍾乳洞があり、そこはシムクガマといい、約一千名の読谷村の波平の村の方々が入っていたんです。ぜひ訪ねていただきたいと思います。

読谷村の「琉球の風」という観光地に行く手前にありますが、そこにある鍾乳洞に地域の人が入ったんですね。その時に食糧や家財道具を入れたり、調味料とか、日常生活に使う必要なものをもって、その中に逃げ込んだんですね。つまり三月二十六日にアメリカ軍は慶良間列島に上陸しています。そのときの状況は、読谷村で子どもであった生存者によると、船から撃ち込んでくる弾がまるで花火みたいだったとのことです。艦砲射撃、船からどんどん花火みたいに慶良間の島に弾を撃ち込むんですね。いよいよ戦争が始まるということで、三月末にこの鍾乳洞に逃げ込んだんです。百三十四人の方がこの中に入っていたようですが、その中で八十人近くは子どもたち、本当に小さな子どもたちだったそうです。それがあの四月一日、エイプリルフールにつながるんです。

米軍が上陸して最初に、このチビチリガマに入っていた方々がお年寄りが二人、竹槍を持ってアメリカ軍の戦車に向かっていったんですね。戦車で上陸して読谷村を埋め尽くした戦車に立ち向かっていったんですが、残念ながらお二人のお年寄りは生きて帰ることはできなかったそうです。この鍾乳洞の中に入っていた方々が、さてこれからどうするかということなんですね。満州で日本の軍人として戦争を体験された方、実際に戦場体験をされた元従軍看護婦さんも入っていたんです。

さて、壕の中から出ていって帰ってこなかったお二人のお年寄りのことを考えたときに、この壕の中はこれから先どうするのかと、この中で協議というほどのものではなかったと思うんですが、話し合いがもたれたんですね。その中で米軍は髪の毛が赤くて、目が青くて、口が鬼のように裂けている。そういう人たちが上陸すると、女は強姦され、男の人は戦車の下敷きにされ、八つ裂きにされるという、その情報が真実のようにこの壕の中に流布されました。

その中にいた上地ハルさんという当時十九歳の女性はこの波平区の書記をしていたきれいな優秀な女性だったようですが、「米兵にレイプをされるよりもお母さん、私のこの真っ白いきれいな身体のまま、私を殺してくれ、お母さんが本当に私のことを考えているのであれば、お母さんの手で私の命を絶ってほしい」と、持っていた刃物を母親に持たせて、それを首にあてがいました。母親は、愛するが故に自ら娘の命を絶ち、その返り血を浴びて、お母さんもその場で亡くなっていきました。

そのことが発端になって、この壕の中では地獄図が繰り広げられたそうです。元看護婦だったその方は、自分の身内だけには持っていた注射器で注射を打って命を絶っていく。持ち込んだ布団を燃やして、家族が窒息して命を絶っていく。そういう状況がこの中で展開されたそうです。

この壕から二㎞ほど離れた場所にあったシムクガマには約一千名の方が壕の中に入っていて、その中に、かつてハワイに移民を経験した方がお二人おられました。英語も話せる、アメリカの国力も分かる、このような戦いでは沖縄が負ける、日本が負けてしまうのは明らかである。ならば、そこに入っている人たちの命を助けたいと、壕の中に入っている人を説得しました。自分たちは軍人ではなく民間人である、米軍を説得して助かりたいと、約一千名が壕を抜けていって降伏したんですね。一千名は助かりました。

情報がとれだけたくさんの命を失っていくことにつながっていくか。そして、正しい情報でまさに「命どぅ宝」、命があればどうにでもできるということで、戦後を迎えることができた人たち。同じ地域に住んでこれだけの違いが出てくるのは、何かということなんですよね。命どぅ宝、潔く散ってしまうということではなくて、まさにこうやって命を何とか助けたいというその思いを、もともと沖縄の人は持っていました。

ところが戦場で、天皇の赤子、つまり天皇の子どもとして、捕虜になるよりはしっかりと戦って死んでいくのが日本国民としての証であると、そんなことを言われたのは、今、問題になっている教科書問題でも大きく私は証明できることだと思っています。

この沖縄戦で日本軍が強制して手榴弾を渡して、いざというときには一個は米軍に投げつける、どうすることもできなければ一個は命を絶つ、日本軍にとってはたいへん大切な武器である手榴弾をああいう状態で民間の人がすすんで手を挙げて手に入れた、というふうにねじ曲げているのです。そして、沖縄の方々が強制集団死に追い込まれたことは、たくさんの方々の証言があるにもかかわらず、あえて国のために、皇軍としてやってきた日本の軍隊と一緒に、日本軍に協力したんだというふうに教科書を改ざんするようなことが、いまこの時期にあるのか、本当に疑問です。

今、国会でも、沖縄が本土に復帰するときの密約が問題になっています。アメリカの公文書館の資料や、日本の外務省で実際に条約締結に関わった人たちの証言から密約があったことは明らかになっているにもかかわらず、密約はないというのと一緒です。同じような次元で、教科書を変えていく。それは元来た道へ歩んでいく、その第一歩なのです。

安倍晋三さんは総理大臣になったとき、「戦後レジュームからの脱却」ということを言い続けていました。これは教育基本法を変えて、その中に愛国心を盛り込んで、憲法を最終的には変えていくということです。これは、元来た道を歩んでいく第一歩であり、教科書を改ざんしていくところにつながっていくと思います。

そしてもう一つ、従軍慰安婦と呼ばれた性奴隷にされた女性たち、そして強制連行された朝鮮の方々、それから朝鮮人軍夫といわれた男の方々がいます。実際に強制連行されたにもかかわらず、国家賠償と戦争責任を国は認めないのか。参議院で何度も国家賠償と謝罪を議員立法として出すのですが、吊るされたまま審議すらできないのが今の日本の現状なのです。

沖縄戦ではたくさんの県民が亡くなりました。その名前は摩文仁の丘に刻まれていますが、やはり戦争というのは、敵であっても味方であっても、戦勝国であっても敗戦国であっても、決していいことはないということを物語るとても大きな証になっていると思います。ちなみに、摩文仁の丘にはかつて軍人として戦争に参加した外国の方々もたくさんやってきます。

それから、とりわけ隣の国、朝鮮に私たちは謝罪をしていかなければいけないと思います。実は沖縄にペェ・ポンギさんという女性がいらっしゃいました。残念ながら誰に看取られることもなくアパートの一室で亡くなられました。那覇市で生活保護を受けていたのですが、部屋の窓の枠に並んでいたヤクルトの瓶が四つ開封されていないのを見て、那覇市の担当者とアパートの大家さんが部屋を開けてみたら亡くなっていたというのです。

戦争中に強制連行され、日本軍のいわゆる性の奴隷になり、そして戦後は働く場所もなく、帰るあてもないという状態の中で米軍の基地の前で売春婦となり、しばらくして沖縄の方と自分の出自を偽って結婚しました。ところが、自分の出自は一切聞かないということで結婚したはずなのに、結婚後、夫からしつこく以前は何をしていたのかと聞かれ、痛め付けられ、別れて、とうとう一人で日雇いをしながら生活するようになりました。でも心ある方々に巡り会って、きちんと戸籍もできました。そして那覇市から生活保護を受けて那覇の町に住んでいたんです。

この女性は、母国の朝鮮に帰っていただきたいと関係者がパスポートをつくって那覇空港まで連れていったんですが、日本の国がきっちりと自分たちに対して謝罪するまでここで頑張りたいと、帰らなかったんですね。

沖縄は被害と加害の両方の立場にあると申し上げました。話は前後しますが、韓国からこちらに強制連行されてきた方々が初めて話をしたいということで、沖縄大学の土曜教養講座で五人の方が証言しました。当時、沖縄大学は新崎盛暉学長でしたが、私はこの五人の軍夫の方々を案内して沖縄をくまなく回り、翌年に韓国にお招きいただきました。

韓国は慶尚北道慶山郡南川面邑の百合公園墓地に小さな慰霊の塔を建立して、五百人ほどの地域の方が集まって慰霊祭を行いました。そのときの証言によると、沖縄あるいは日本で働けば、ちゃんとした日本の軍隊からお給料が出る、そのお給料を国元に送ればあなたの家族も生活ができると言われて連れてこられたといいます。実際にきちんとしたお給料があったのはたった一回だけで、あとは強制労働を強いられ、あげくの果ては、ずっと働いても与えられる食糧はおにぎり一個でした。那覇ではなくて慶良間諸島の阿嘉島というところに連れていかれ、暑い中を軍事物資を運んだり壕掘りをさせられたりしたんですが、日本の軍隊の五倍から十倍ぐらいの労働使役を強いられたそうです。与えられる食事が一日にたった一回、おにぎり一個ではどうすることもできず、飯ごうの中におにぎり一個入れて、一日中日なたに出していると、それがふくらんで夕方にはおかゆみたいな状態になって、それを一回の食事としてとっていたが、とても空腹に耐えられず、民家が大事に育てた芋をとって食べたり、いろんな食糧を盗んだそうです。

ところが、それを地元の方々が憲兵に通報したために、十二名の方が引っ張り出されて、日本の軍隊によって虐殺されてしまいました。最期に何か言い残しておくことはないかと日本の軍人が言ったときに、芋を一個とっただけ、あるいは民家に忍び込んでおにぎり一個盗んだだけの罪で自分たちは殺されるんですかと言ったようですが、残念ながらお前たちはやっぱり最期まで食い物のことしか頭にないのかということで銃殺されたようです。

その生き残った方々が戦後、沖縄大学の招きで、土曜教養講座の中でこのことを証言してくれました。地元の沖縄の人たちは、日本の軍隊によって壕を追い出されたり、それから食べ物を日本の軍隊によって奪われたりしたこともあります。戦争マラリアの例を考えていくと、島から口減らしのために追い出されて、マラリアの（蚊がたくさんいる）西表島に追いやられて一家全員が亡くなってしまった波照間島の人びとの体験もあるし、いろいろあるんです。

犠牲もありますが、沖縄の人たちが、朝鮮から強制的に連れてこられた人たちを差別したり、「朝鮮ピー」と朝鮮の女性たちを呼んだり、という差別をした事実もあります。沖縄戦を語るときには加害の事実も被害の事実もしっかり見極めていかないと、沖縄戦を語ったことにはなりません。

私は平和ガイドとして、二十年ほど沖縄の地元でバスガイドをしておりました。そして県議会に行き、今は参議院の場で「平和の一議席」として活動しています。

実際には戦争を体験していないので、私の戦場体験というのはあくまでも聞き取りしたことや家族の戦場体験をお伝えしているだけです。でも、次の世代がいます。私の子どもたちです。その次の世代もいます。できるだけ一緒に現場へ足を運んでもらったり、いろんなところで話を聞いたことを伝えたりしています。マンガや私の講演は『沖縄戦と平和ガイド』というブックレット（二〇〇八年発行）になっています。問題は、本当に戦争を体験された方が八十歳を超えていることです。ひめゆりの先生方もそうですし、広島長崎の方々もそうですが、それをどう伝えていくかということだと思っています。

沖縄戦は終わっていないのです。今年（二〇〇九年）一月、糸満市で不発弾が工事中に爆発し若者が失明しています。それに、国は、新たな戦争につながる基地を、普天間基地の閉鎖撤去ではなく、名護の辺野古の海につくろうとしています。今の米軍再編は、沖縄の住民の負担軽減といいながら、一方では抑止力の維持といい、今の自公政権の中でとられている沖縄に対する政策は、やはり戦争への準備を徐々にしているということなんですね。

私たちは、元来た道に戻るのではなく、これだけ多くの犠牲者を出した沖縄から、広島から長崎から、唯一の被爆国として、また唯一の地上戦を体験したところとして、きっちりと伝えていくことが大切だと思っています。

お話をしたいことはいっぱいありますが、時間になりましたので終わらせていただきます。

〈質問と討論〉

緒方　では、広島修道大学の会場から質問を受けたいと思います。糸数先生はこちらでも有名な方ですので今の話は知っている人も多いと思いますが、広島ではおそらく初めて聞く話ばかりだと思います。何かコメントがありましたらお願いいたします。

廣光清次郎（広島修道大学副学長）　これから質問をしたいと思いますが、話が大変な話だったので、学生からの質問はないようです。

大熊忠之（広島修道大学）　たいへんいい話をありがとうございました。糸数さんの講演の中で印象深かったのは、国家意思の形成の問題だろうと思います。日本の総理大臣とかはその国家意思というもので形成過程の中にどれだけ国民が参加したかどうかということは不問になっている。できた国家意思というものに、どれだけみんな集中、関わっていたのか、そういう観点からだけ問題を見ていると、そこに参加しなかった人たち、あるいはそれに対して異議あるいは異議までいかなくても疑問を持っていた人たち、そういう存在すら認めないというかたちのことが、先ほど糸数さんの言われていた教科書問題、その他の中にある。ただ、大きい問題もあり、この日本の国家意思の問題は第二次大戦が終わった後は、今度はアメリカの国家とぶつかっていたり、ぶつかってなかったりという問題があって、アメリカとどう付き合っていくのかという問題が沖縄戦との絡みの中で出てきた。抑止論などはこれから出てくる一つの解釈でしょうけど。そういう解釈の中でいろんなものが操作されていますが、国家意思の形成、形成された国家意思に対して、広い意思を結集できるのかというのが、一番大きな問題ではないかと思います。

糸数　沖縄戦は、先ほども申し上げたように、国が始めた戦争、そしてそれは軍人だけが犠牲を強いられたものではなくて住民も巻き込まれた戦いであったということです。そしてその中で教科書問題を今の日本の社会がどのように捉えているかと言うと、文部科学省がこの教科書の記述に対する改ざんをした。二〇〇七年九月の十一万人の県民大会で決議をした。そして沖縄県議会の仲里議長を団長として、二百名あまりが超党派で要請を始めました。総理大臣をはじめ文部科学大臣にも実際にお話をしたんですが、当時の福田首相は、日本軍の関与を否定するものではないと表明していますが、実際には、表向きに軍の関与はなかった、そして自ら死を選んだというようなことで、県民の意見というのはある意味、否定されたという状態です。

沖縄の方々の考えている戦争に対する思いを次の世代に伝えていくためには、沖縄だけの問題ではなく日本国民として共有するために教科書、とりわけ高等学校の社会科教科書の中にきちんとしたものを載せていくというのが県民の意思なのです。残念ながら今の国政の中ではこれが認められていないということです。

私たちは今、沖縄県民の思いとして唯一の地上戦が戦われた沖縄で世代を超えて、国民全体で歴史の反省、教訓として、この状態を共有していくということ。これが二度と同じ過ちを犯さないためにも必要であるという県民の意思を国の方にぜひ伝えたいというのが教科書問題であり、それは戦争中のことだけではなくて、戦争が終わった今、六十四年経った今、また再び、国が沖縄の県民の意思を無視して、国家の意思としてこういうかたちにしていくのが、おかしいと私は思っています。

なぜなら、教科書を選定していく研究者の中に誰一人沖縄戦を専門的に研究している方はいらっしゃらないし、県民の思いを聴取するということもなかったからです。再び教科書会社と一緒になって、こういう記述を変えていくという大きな問題があって、それを県民はよしとしていないということをあえて申し上げたいと思います。

ですから国家意思で戦争して、戦争が終わってなおかつ米軍基地を押しつけられて、そのまで本当にいいのかどうかという思いは、県民の中にはあると思います。ただ、沖縄の経済自立ができない状況の中で、国が基地を沖縄に置き、その基地からの収入で経済を支えるというかたちを国がとってきましたので、こういう外交のあり方、沖縄の経済のあり方、それを今、県民と一緒に問いながら、教科書問題というのは県民の意思の中にこれを超党派で捉えて、歴史的な事実をありのままの記述として、載せていくという結論に達しています。

緒方　大熊先生、この後、シンポジウムの時間もございますので、そこでまたお願いします。会場の皆さんにご説明しますと、大熊先生は国際法の専門家なんですね、おそらく国家意思というものの他に民衆の意思というのが、もう一方であるのではないかということをおっしゃりたかったのだと思います。ちなみに、大熊先生はＩＣＵのご出身で、元副知事の嘉数昇明さんとお友達なんですね。私も嘉数さんとお友達ですので、そんなご縁で広島修道大学と沖縄大学の提携が成り立ったということでございます。

糸数　実は、冒頭に申し上げる予定でしたが、私は沖縄大学で十年間「観光実務」を担当させていただきました。一九八三年に沖縄セミナーがありました。沖縄大学が、沖縄の戦跡や基地のことを地元の学生や本土の先生方に知ってほしいという趣旨で毎年夏休みにこのセミナーを開催しました。これは十年間続きました。沖縄だけではなく、本土の小中高等学校の先生方や学生も参加されました。ここで「もう一つの沖縄戦」という、先ほど話をした、住民はどうなったかという戦争の追体験や米軍基地を案内をさせていただいたんですが、この十年間の実績で、バス一台から始まった沖縄の裏街道と呼ばれた「平和学習コース」がメジャーになりました。今、修学旅行生は四十万人を超え、沖縄に平和学習で来続けているという、たいへん大きな実績をつくってくださいました。改めまして感謝申し上げたいと思います。

核被爆都市からの発信

佐渡　紀子

緒方　次に、広島修道大学の佐渡紀子先生をご紹介します。佐渡先生は先ほどやんばる食堂で何か食べたそうですが、やんばる食堂はなかなかいいことがあるんです。佐藤さんという将棋の八段が羽生名人と対戦する直前に来られた際、やんばる食堂にご案内しました。佐藤八段は東京に帰って羽生名人に勝ちました。大変素晴らしいゲンがいい大衆食堂なんです。ではよろしくお願いします。

佐渡紀子（広島修道大学）　広島修道大学からまいりました佐渡紀子です。先ほど質問された大熊さんとは同僚で、普段は法学部の国際政治学科で教鞭をとっております。

沖縄に来るのはものすごく久しぶりなんです。初めて来たのは私が七歳か八歳ぐらいの頃だったのでほとんど何も覚えていません。空港を見て、こんなにきれいだったっけ、と思っていたら「十周年おめでとう」と書いてありましたから、知らなくて当然だとほっとしました。当時は幼なかったですから、沖縄の記憶といえばサトウキビ畑とパイナップルとハブとマングースショーという印象でしたが、大人になってくると、先ほど糸数さんからお話があったような、沖縄戦というものの存在を強く感じるようになりました。

本日は沖縄と広島を結ぶという大変貴重な機会ですから、広島と沖縄の共通点と相違点というものを認識しながら、広島について語ってまいりたいと思っています。

先ほど糸数さんのお話をきいていて、私自身と糸数さんの視点はずいぶん違うところがあるなと思いました。それは何かというと、糸数さんは戦争を語るときに住民の視点を取り込むことが重要であるということを強調されたわけです。それは前半のガイドとしての経験からのエピソードからも強く感じることができました。しかし、私はむしろそれとは逆の視点を提起したいと思っているんです。つまり、戦争を語るときに住民の視点を盛り込み過ぎた故に生まれる弊害があり、それに今、広島は苦しんでいるのではないかという視点です。これは広島が苦しんでいるということであって、沖縄がそういう問題に直面していると私が言いたいわけではないのです。広島が今抱えている困難と同じものが果たして沖縄にあるのかないのか、ぜひ教えていただきたいとも思っております。

佐渡紀子氏

広島と沖縄には共通性と差異性というものがあります。まず共通性は、共に第二次世界大戦の中で大きな被害を受け、特にその被害が一般市民を巻き込んだ被害であるということです。これは大きな共通性だろうと思います。そして差異性は、その原因が違うことです。広島は核兵器という大量破壊兵器によって被害がもたらされましたが、沖縄は地上戦によって被害がもたらされました。この二つの点をお話ししようと思ったんですが、糸数さんのお話を聞いている過程で、もう一つあると思ったことがあるのでそれを付け加えたいと思います。それは、広島と沖縄が自分たちの考えるメッセージを伝えようとしている宛先です。広島の人たちはやたら世界を意識するんです。それに対して沖縄の人たちが語りかける先は常に日本、もしくは日本政府が意識にあります。これももしかすると広島と沖縄の大きな違いの一つと指摘しておくべきかもしれません。

この共通性と差異性というものを意識に置きながら、広島で起きていることをお話ししていきたいと思います。その中で被爆都市である広島が持っている意味と、そこにいる人々が果たすべき役割は何なのかを、今日の時点に立ってお話をしてみたい。もう少し、具体化すると、広島というまちは、常に被爆体験というものを使いながらメッセージを発信してきました。被爆体験に特化してメッセージを発信するという役割は、今日でもかつてと同じ意味を持っているのか、はたまた変わるのかどうかという点を、皆さんに問いかけたいと思っています。

広島の役割が変わっているのか、それとも昔から変わらず今も続いているのかを検討するために、三段階に分けてお話をします。

まず最初に、広島は核兵器によって被害を受けました。核兵器がどのような位置づけであったのかということを冷戦期に遡りながら整理をしていきたいと思います。この役割は冷戦終了後大きく変化していると私は思っています。ですから核兵器の価値が変わったことが広島にとってどういうことがあるのかを、二つ目にお話しします。そして三つ目には、核兵器の価値が変わったことによって、広島の意味が変わっているのか変わっていないのか、これを最後に検討していきたいと思います。

では、さっそく一つ目の核兵器の位置づけから入っていきましょう。

核兵器については、去年から今年にかけて日本でもニュースに上る機会が増えてきたように思います。特に今年の春には、オバマ大統領がチェコのプラハで核廃絶を目指すスピーチをしましたから、それに呼応するかたちで、日本でも核についての報道やシンポジウムがたくさん開かれるようになってきました。

核兵器の役割は、八月六日に広島市長が「核兵器の価値は廃絶されることのみにある」と指摘しましたが、冷戦期においては核兵器の役割はそのようなものではなかったわけです。「抑止力」と言われていたわけです。

ちなみに、ちょっと不安があります。「核抑止」という言葉を普段耳にしたことがあるという方、フロアーの方どのくらいいらっしゃるんでしょうか。手を挙げてください。その中で説明できるかもよ、という方はどのくらいいらっしゃいますか。ありがとうございます。大学の授業では、あてるかもしれないオーラを出すとなかなか手を挙げてくれないのですが、かなりの人数がおられたので安心しました。

核抑止という言葉は次のように説明されます。相手がもしも自分に対して攻撃的な行動をとるならば、核兵器を用いて報復行動、仕返しをしますよと脅すことによって、そもそも相手が攻撃的な行動に出ないようにしているということです。この「核をつかって仕返しするよ、それがイヤだったならば手を出すなよ」という考え方が核抑止という考え方になります。核抑止を機能させることが、冷戦期においては、核兵器の主たる役割であったわけです。

ここで私たちが注意しなければいけないのは、核兵器というのは抑止だからいいんじゃないか、つまり戦争がおきなくなるわけだから、役に立つんじゃないかという評価が成り立つということです。この指摘は確かに否定することはできませんが、この指摘がされたときには私たちは併せて次のことも注意しておく必要があると思っています。つまり核抑止が機能するということは、すなわち核兵器を使うということが前提になってるんです。使うよと言っているからこそ脅しになるんですね、持っているだけで使いませんという兵器だと脅しにはならないんです。従って核抑止が機能するということは、一方として使うということが当然の前提としてくっついてくるということなのです。

実際に冷戦期というのは、核兵器が使われるかもしれないという恐怖が世界全体を覆っていた時期ということになりますね。私がまだ小学校ぐらいの頃は冷戦がまだ厳しい時期でした。ですから当然のように核戦争についてのテレビ番組がたくさん流されて、世界はオーバーキル状態にある。「オーバーキル」このカタカナは何？　と言いながら過ごしました。つまり、地球上にいるすべての生物を何十回、何百回殺しても余るぐらいの核兵器が地上にあるという状態を示すためにオーバーキルという言葉が冷戦期間中に編み出されたわけです。

このような言葉に象徴されるように、冷戦期というのは核の使用が非常に現実的な脅威として語られる、そういう時代であったわけです。当然その背後にはアメリカとソ連の対立がありましたから、なおのこと一層、核戦争が起きるかもしれないという脅威感が一般の人々にも意識できる、そんな時代であったわけです。さらに実は日本の人たちは見逃しがちですけれども、冷戦期間中、核の脅威は核戦争によってのみ感じられていたわけではないのです。もう一つ、当時の人々は、核実験によってもたらされる核の脅威を感じていました。冷戦期間中、核実験、つまり核兵器をつくるためのテストというのは数多く実行されました。

例えば一九五八年、開発の初期の段階ですが、一年間だけで米ソが行った核実験は百回を超えると記録されています。核開発のピーク時にあった一九四〇年代から八〇年代を通して計算してみると、地球上で行われた核実験は二千回を超えるとも言われています。この核実験は日本海では行われていませんので、日本人には馴染み深くないわけですが、実際に核実験を行った地域の人にとってみれば、まさに自分たちの生活を脅かす脅威であったわけです。放射線による汚染が広がりますから、そこに住んでいた人々たちは移住しなければならないとか、そもそも家財道具が全部使えなくなるということがたくさんおきました。生活基盤をすべて奪われるような被害が出てくる。それが実は核実験であったわけです。

核戦争と核実験、この二つによって、冷戦当時の人々は核が使われると困るな、怖いなという意識を強く共有することができた。広島は長崎とともに、世界にとっても意味を持っていたんですね。すなわち核兵器が使われたらどんな被害が起きるのかということを明確なかたちで世界に示す、そういう役割を担っていたわけです。核実験場に近い地域に住んでいた人たちにも、自分たちの地域ではこんな被害がうまれるような兵器が使われたというのが手にとるようにわかりましたし、核戦争の戦場になるかもしれないと怯えたヨーロッパ大陸が広島・長崎のようになるかもしれないと具体的にイメージをすることができたわけです。ヨーロッパ諸国は、このように広島は、長崎とともに核兵器の使用がどのような被害をもたらすかを示す存在であり、核兵器が使用されるということの警告を与える、そういう存在であったということができます。このような時代には、広島や長崎というのはたいへん注目を浴びました。世界各地に旅行して、多分、広島のまちの名前を知らない人はいないんじゃないかと私に錯覚させるぐらいに有名になりました。

私は三年ぐらい前にケニアに行きましたが、ケニアでは、東京、京都の次に知られているのは広島、長崎でしたね。奥地に行っても広島というまちを知っていましたし、核被害にあったまちだということも知っていました。たいへん衝撃でした。それほどまでに広島や長崎という名前は世界各地に広く伝わることになったわけです。

しかし、広島というまちが核使用への警告を与える存在として、求心力を発揮できた時代というのは、冷戦の終焉とともに終わったのではないかと思います。広島の役割はもしかすると制限されてきているのではないかと、近年、非常に強く感じるようになっています。それはなぜかと言うと、冷戦が終わるに従って、核が使われる可能性が目に見えて下がってきたからです。具体的に、冷戦期に戦争が起きるとしたらどこかと問われると、当時の人々はおそらくヨーロッパ大陸、場合によっては日本近海の北東アジア、この二ヵ所ぐらいを想定しました。その内の一つであるヨーロッパ地域では、一九九〇年代に入ると同時に冷戦が終わったということを地域の中の国々で確認します。ヨーロッパ諸国は、もうヨーロッパでは戦争は起きない、われわれはもう和解したんだということを明確に、政治家が集って宣言を出しましたし、文書を記したんですね。

このように対立関係は目に見えて緩和していきます。さらには具体的な核軍縮もスタートしたわけです。今、スタートという言葉をつかったので広島会場はクスッと笑ってしまったのかもしれません。つまりあのときにつくられた軍縮条約がスタート（ＳＴＡＲＴ）という名前だからです。しかし、それを意図して言ったわけではないです。一九九一年、そして九三年には、ＳＴＡＲＴ１、ＳＴＡＲＴ２と呼ばれる核兵器の数を減らす画期的な条約が結ばれるようになりました。

ですから、一九九〇年代初頭というのは、米ソ、あるいは米ロの間で武力行使は起こらないし、もしかすると核兵器もどんどん減らす方向に持っていって、最後にはなくすというところまでやるんじゃないか、合意するんじゃないか、そんな期待感をもてる時代に入ってきたわけです。

それに反比例するように、国際社会は新しい脅威に直面したわけです。それが内戦であったり、テロと呼ばれるものです。一九八〇年代末期から九〇年代前半は、目に見えて内戦が増えた時期になります。私の授業では、紛争の数の増減を比べてみるのですが、内戦の数は、一九九〇年代初頭にかけて急激に上昇していきます。それに対して国家間武力紛争は減少していくんですね。このような状態でしたから、世界の関心は、米ソ、米ロが戦って核が使われるかもしれないという脅威よりも、核が使われなくても、もう少し小さめの兵器、ピストルだとか、機関銃だとか、そういう小型の兵器をつかいながら戦われる内戦、こっちの方が心配だ、そういう時代になっていったわけです。

二〇〇〇年代になると9・11がありましたから、内戦なんてもんじゃない、テロだ、民間人と民間人が殺し合っている。そんな時代に入ったんだという脅威認識が一般化していくわけです。このような時代になると、私たち一人ひとりの意識も、核兵器が使われるかもということを日常的に感じる瞬間というのはどんどん減ってきます。少なくとも私が小学校の低学年のときのように、核兵器特番がどんどん流れるということはなくなりました。むしろボスニアでの悲惨な民族間の紛争のドキュメンタリーだとか、ルワンダでおきている虐殺とその和解についてのドキュメンタリー、こういった番組がたくさん放映されるようになるし、そんな映画もたくさんつくられるようになってきました。

そうすると自ずから核問題というものは、関心が低下してしまうわけですね。使われるからこそ、使われるかもしれないと思っていたから、みんな怖がったし、何が起きるか知りたいから広島、長崎に関心を持ったわけです。しかし、使われないかもしれないと思うと、一所懸命知ろうという意識はなかなか私たちの心の中に入りにくいわけです。

ここまで、私は核兵器の位置づけが冷戦期から今日まで変化しているということをお話ししました。このことを前提としつつ、では広島はそのような高まる期待と、今度は関心の低下、この中で何をしてきたのかをお話しします。

実は広島における運動、もしくはメッセージとは何であったかというと、大きく二つに分けられると思います。まず一つは被爆者への支援を勝ち取るということです。そしてもう一つが反核、平和運動と呼ばれるような核廃絶を目指す運動に力を注いでいくということです。ですから、広島は反核平和、若しくは核廃絶という目標に向かって歩んでいるまちだと意識しながらお話をします。

実は広島の人々というのは、戦争が終わった直後からすぐ反核だ、平和だ、核廃絶だと叫び始めたわけではないのです。私自身はその事実を大人になって知ったときに、たいへんショックを受けたものです。つまり核廃絶に頑張っている、運動に頑張っている大人たちに囲まれて育ちましたから。最初の頃はそんなことに関心なかったんだと聞かされるとたいへんショックです。実際は、一九四〇年代は広島の人たちの意識はむしろ復興に集中していたのです。

皆さんは広島に来られれば、おそらくは資料館に行き、そして原爆ドームをご覧になると思います。特に、原爆ドームは世界遺産にも指定されましたから、今日でもたいへん多くの観光客が訪れています。

ご存じの方も多いかもしれませんが、実は当初は原爆ドームは残すべきではないという意見が広島では有力でした。あんな廃墟同然のものをまちの中に残しておくと、戦争のことを思い出していやだし、そこの土地は復興のために使えないじゃないかという意識があったからです。

一つ目は戦争に、反核平和に繋がる意識ですが、二つ目の意識は、むしろ広島のまちは戦争を忘れて、より豊かに復興していきたいんだという思いの表れということができるでしょう。

一九四〇年代は、核について語るというよりも、いかに広島のまちを産業的にも活性化させていくか、そこに広島の人々は意識を集中させました。その結果、一九四九年には、広島平和記念都市建設法という国内法を勝ち取ることができました。「平和」という言葉が入っていますから、反核・平和のことを書いた法律というように聞こえがちですが、必ずしもそうではありません。その中身は、広島のまちを復興するために必要な手だてを国から提供してほしいと働きかけて、それに対応した法律をつくってもらった、そういう中身なんですね。

この法律をつくることによって、広島は、都市の復興に必要な資金、土地を手に入れます。平和公園のあたりもこの法律によって整備が可能になったわけです。広島のまちを整備するよと言いながら、土地やお金を国から引っ張ってくる、そういう戦略をとったわけですね。この動きから見ても、一九四〇年代の広島の人たちの意識というのは、核について語り伝える、反核・平和について声を上げるというところではなく、むしろ自分たちの生活をいかに立ち上げるかにエネルギーを注いでいたと判断すべきであると思っています。

では、広島の人たちの反核・平和運動はいつ頃始まったのでしょうか。多くの人が言うように、私も一九五〇年代に入ってからだろうと思います。一九五〇年代には核を考える上でのターニングポイントとなる出来事がありました。第五福竜丸の被爆事件です。ここでもちょっと不安になってきました。第五福竜丸事件をご存じの方はどのくらいいますか？　九割以上の方がご存じのようです。さすが沖縄ですね。

アメリカの水爆実験海域のビキニ環礁で操業していた日本の漁船が被爆をしたのが第五福竜丸事件です。この事件をきっかけとして日本国内では原水爆禁止運動が高まっていきます。杉並における女性たちの運動が原水爆禁止運動の日本における発端になったとよく言われています。これに広島の人たちも触発されるんですね。実は広島の中から始まったというよりは、外で起きた出来事を契機としながら、広島の中でその問題意識を自分たちは共有しているとして、共鳴をして活動を始めていくわけです。共有したんだと分かるのは、この第五福竜丸事件と前後する時期に、広島において重要な活動や組織が次々と生まれてきているからです。

例えば、一九五五年には原水爆禁止世界大会が開かれ、原水禁の日本協議会という組織が立ち上げられました。さらに一九五六年には今も被爆者たちを支えている日本原水爆被害者団体協議会（被団協）が立ち上げられました。このような動きが一九五〇年代半ばに集中していることを見ても、広島の運動が杉並に端を発する原水爆禁止運動に触発されていると判断することができるわけです。

一九五〇年代に始まった広島の平和運動は何を活動の中心としていたのかというと、先ほど指摘したように、一つには被爆者に対する補償の獲得、もう一つが核廃絶に向けて活動を展開することでした。この二つの目的を達成するために広島の人々が採用した戦法というか、手法は何であったのか、それは被爆の実相を伝えるということでした。広島の人たちは「被爆の実相」という言葉を好んで使うんです。実相という言葉は沖縄でも使いますか？　もしかすると戦争被害を語るときには実相という言葉を使うのかもしれません。長崎でも聞いてみたいと思います。

被爆したことによって何が起きたのか。被爆体験を伝える、広島の人たちはこのことを二つの目標を達成するための手法に選んでいきます。そこで伝えることというのは、中身は核が落ちたことによって、どんな被害が起きたのか、それがいかに深刻であったのかを語るということでした。このようなことをすることによって、広島の運動は広く、核兵器が非人道的な、人として使ってはいけないひどい兵器なんだということを示すことになりました。広島の人たちが、こんなにひどい被害を受けた、こんなに辛いことが起きたといったことで、日本だけではなく世界全体で起きていた核廃絶運動に、いわば「支え」を提供することができたわけです。

例えば、ヨーロッパ地域で反核・平和運動する人たちも、広島・長崎での被害状況を使いながらその運動を展開しましたし、アメリカ国内で反核・平和運動を展開する人も、広島・長崎での被爆の実態というものを証拠にしながら運動を展開しました。ですから広島・長崎の人たちが、これだけ辛かった、これだけ被害は深刻だったということによって、世界規模での反核・平和運動は、その根拠を手に入れることができたわけです。このように考えると、冷戦期に行われてきた広島の反核・平和運動というものは、やはり一定の成果は残したと思っています。ここでなかったというと、確実に広島空港に降り立つ前に多分私は殴られてしまう。さすがにそこまでは思ってないんですね。

大きく分けると三つ、成果を指摘すべきだろうと思っています。一つ目はいま強調したように、核兵器が非常に非人道的な兵器であるということを示すことができましたから、世界規模で広がる反核・平和運動に根拠を提供できたことです。彼らが説得力をもって活動できたのは広島や長崎の人々が辛さを乗り越えて、体験を語ってくれたからにほかなりません。

この一つ目の成果に加えて、次に指摘したいのは、国際社会全体に影響を及ぼしたことです。一九九六年には、国際司法裁判所が勧告的意見を出すという成果も出ました。これは国連の組織の一つで、国際社会の中で起きる法的な問題について判断を下す組織です。勧告的意見というのは判決ではなく裁判所としての考えを示したものです。私たちはこう考えてますよというのを明らかにする。そういうタイプの意見でした。しかし、世界全体のことを、国連に入っている国々の人が大事にしている裁判所の裁判官の人たちが、こう考えているというのはかなり大きなメッセージ性を持っていました。

この勧告的意見の中で、判事たちは核兵器について「核兵器の使用は一般的に違法である」と言いました。「一般的には」とついていますから、細かく見ていくと少し残念なところもありますが、しかし一九九六年の勧告的意見は、核兵器をつかうことが違法なんだ、使っちゃいけないのだというメッセージが初めて前面に出された、そういう出来事であったわけです。

一般的に違法とされる根拠もまた、広島や長崎で起きていた非常に悲惨な状況が判事たちの考え、判断を支えたわけです。このように考えると、公的な判断で核兵器が使いにくくなったことの根拠も広島や長崎が冷戦期間中その証拠を提供できたんだと思っています。

そして三つ目、これは見逃しがちですが、将来にわたって重要になることだろうと思っています。広島において若い世代が脈々と反核・平和の意識を形成し続けているということです。これは私自身も驚くべきことで、広島では、おそらく沖縄でも同じでしょうが、小学校ぐらいから平和教育を行います。小学校、中学校、高校とやっていくんですね。その中で、さまざまな戦争についての学習をしていきます。その学習を通じて、広島の若い世代は、戦争に対する反感を強く意識するようになりますし、とりわけ核兵器は受け入れられないという意識を明確に形成しています。そのことが将来にわたって核廃絶の運動の担い手を形成する力にもなっているだろうと思っています。

もっとあるかもしれませんが、広島の平和運動はこの三つぐらいの成果を冷戦期において果たしたのだろうと私は思っています。しかし最初に申し上げたように、私自身は、今日においてこの運動は一定の限界を迎えているのではないか、影響力が下がっていってしまっているのではないかという、問題意識を持っています。それはなぜなのか。残された時間でお話ししたいと思います。

広島の平和運動は、被爆体験、被爆の実相をとにかく明確に伝えるということに力を注いできました。原爆が投下されたことによって、何人の人たちがどのように、どこで亡くなっていったのか、そしてその後遺症でどのような苦しみがその人たちに襲いかかったのか、そのようなことをたいへん多くの事例を通じて伝えてきたわけです。広島の平和運動は被爆体験の伝承に集中しているといっても過言ではないようです。被爆体験を語り伝えるということだけを運動の中心に据えてしまったことで、次のような問題点を生んでしまっているのではないかと私は思っています。

まず一つ目は、先ほど肯定的に言ったことの裏返しで、少し信頼感を失わせてしまうかもしれませんが、実は平和教育というものが若い世代にアレルギー反応を生んでしまったということです。広島の子どもたちは、非常に悲惨な状況を七歳ぐらいから十七歳ぐらいまで延々と聞き続けます。お腹いっぱいになるんです。被爆者の人たちが感じた痛み、怒り、悲しみはどれも心を揺さぶるものですから、耳を傾けるたびに彼らは涙を流します。しかし、そうしたケースを百件聞くことは子どもたちには大変なストレスになってくるんですね。なぜ、こんな辛い思いの話をずっと聞かなければいけないのか、もう十分聞いた、私たちはその事実を知ったし、怒りを共有したし、痛みも共感した。なのにまだ聞かなければいけないのか。そしてそこで繰り返されるのは「あなたたちは継承しなければいけない」という言葉であり、同時に、「体験した者でなければ分からない」という拒絶の言葉なんです。この狭間で若い世代は当惑します。継承はしなければいけないが、私たちには分からない。その狭間でどうしていいかわからなくなってしまう。このような狭間で苦しむ若い世代が一定数いて、平和について語ること、または核廃絶のための行動を起こすことにためらいを感じるようになっていきます。

このような状況は、長期的に見ると、広島の反核・平和運動の担い手をどんどん尻すぼみにさせてしまうかもしれません。そのような恐れを私は感じているわけです。しかし、若い世代はたいへん柔軟です。アレルギー反応をもっていても、マイクを向けるときっちり話をするんですね。「平和が大事だと思っています」、「核廃絶は大事だと思っています」と。でもその言葉が必ずしも行動には結びつきません。先ほど申し上げたような苦しみであったり無力感であったりします。運動を初期の頃から支えていた人たちにはない、新しい内容を若い世代が感じているからということです。この一つ目の弊害に、私たちは気をつけるべきだと思っています。

ただ、この一つ目の話をするに当たって、少し私は迷いがあるんです。このアレルギー反応は一九七〇年代生まれという私の世代に集中しているのかもしれません。冷戦華やかなとき、そして反核・平和運動が活発な時期に教育を受けています。ですから先ほど言ったような、押しつけと無力感、いろいろな圧力にさらされながら過ごしました。だからこそアレルギー反応というものを持っている友人たちがたくさんいます。

しかし今、大学教員としてもっと若い世代と触れあっていると、私とは違う反応を示す人たちもいます。最近だと、中学生と高校生が中心になって、オバマ大統領を広島に呼ぼうというキャンペーンをやっています。その子たちの考え方は非常に純粋です。核廃絶をしたいと思っており、その問題に影響力を持っている人は誰かと考えたら、オバマさんらしい、だから呼びたい、呼びたいと思ったから行動を起こす。非常にシンプルなんです。私のように、でも、でも、でもとは考えないんです。私が問題点として挙げているアレルギー反応も波があるのかもしれません。今はアレルギー反応は非常に低い、行動に移すにはいい時期かもしれません。留保しながら皆さんにお話をした方がいいのかなと思います。

私は歳を経るに従って強く感じるようになってきていることがあります。それは「被爆者正義論」、「聖人論」という言葉です。広島は被爆者の経験を語ること、伝えることを大事にしてきました。ですから被爆者、核について語ると必ず被爆者を出してきます。例えば、中国や北朝鮮が核実験すると、どう思いましたかと聞くために被爆者のところに行きます。もしその被爆者の名前が佐渡紀子であったとしても、「被爆者としての佐渡紀子」が中国核実験を語るというようにもっていかれます。個性がすべて失われ、被爆者として語ることを期待されているのです。被爆者自身も、徐々にそうした期待に対応する発言をするようになってきている。例えば、「私たちが求めるのは核の全廃である。アメリカ人を憎んではいない」というような発言です。このような定型化された言葉を多くの広島の人たちが被爆者たちに期待し、そして被爆者たちもそれに応えるようになってきてしまっています。

広島の人たちは被爆者自身の活動について、問題を提起することを今日恐れているんですね。つまり冷戦期間中の被爆者たちの活動に問題があったのかどうなのかということを問うこともしませんし、さらには中国や北朝鮮の核実験に対してどう思っているのかという発言そのものを細かく分析して、なぜですかと、細かく分析して問いかけていくというようなこともしないのです。期待した答えを出してくれればそれでいい。被爆者として崇めていればそれでいい。このような扱い方を徐々にするようになってきています。

このようなやりとりをしていれば、おそらくは本来持っているであろう、被爆者たちの生の声を私たちはどんどん聞くことができなくなっていくだろうと思います。

三つ目として指摘したいのは、二つ目の問題と少し似ていますが、ぜひ別の事柄として強調しておきたい事柄です。それは何かというと、核被害というものを強調するあまり、今日の時代においてて共感を得にくくなってしまうのではないかということです。これは前半でお話しした新しい脅威認識の登場と関連しています。核兵器の恐ろしさは、甚大なる破壊力であり、数世代にわたって影響が続くという長期性にあります。非常に特殊なんですね。その恐ろしさが分かったので、冷戦期に反核・平和運動に力を注いでくれたわけです。

しかし、あまりに特異であるが故に、それが使われる可能性がたいへん低くなってしまった今日、多くの人びとが苦しんでいる通常兵器、つまりピストルだのライフルだとか、そういうものをつかった戦争で苦しんでいる人たちと共感するポイントを広島の人たちはつくりにくいのです。私たちは苦しんだ、非常に特殊な兵器で苦しんだ、といくら主張しても、例えば内戦で苦しんでいる人たちは、「ああそうか、でも私たちは実はライフル銃で脅されて困っているんだよね」と、話がかみ合わなくなってしまう。本来、平和を勝ち取ろうという共通の目的を持っているはずである内戦で苦しむ人々と、広島の人たちの思いがうまくかみ合わない。あまりに特殊性を強調したが故にかみ合わないという問題を生んでいるのではないかと思います。

この三つの問題点を考えたとき、伝承に特化したメッセージの発信の方法をとり続けていくと、広島の思いが広島以外の人に届く力がどんどん弱くなっていくのではないかと私は思うわけです。例えば、広島の人に問いかけると紋切型の答えしか返ってこない。「広島の被害ってどうなの?」と聞いたら、「自分たちは特別よ」という被害意識をぶつけてくる。そういうことであれば、「あなたたちは特別なのね。しかもあなたたちが言っていることは五十年前と今とあまり変わらないわ。じゃあ本を読むわ」で終わってしまうんですね。そして共に闘うということができなくなってしまいます。

これまでのアプローチでは、訴えかける力、連帯していく力を広島は失ってしまうのではないか。そのように私は危惧をしているんです。

もう一つ指摘をしておきたいのは次の点です。冒頭、糸数先生と私は視点が違うと申し上げたところに関わってきます。広島の平和運動は常に世界というものを意識していました。地球上から核兵器を廃絶するためにはどうしたらいいのか、そのためにどう訴えかければいいのかということを考えてきました。広島のメッセージの名宛人は常に世界なんですね。世界の人々に問いかける、世界の指導者に求める、そういうフレーズを好んでつかいます。この名宛人が常に世界であるということは、実は重要な点を広島の人たちの意識から外してきたんですね。すなわち、広島の人たちが日本とどう向き合うかという点です。

日本はご存じのように、アメリカの核の傘の下に入っています。ですから広島の人たちが例えばインドに行き、あるいはアメリカに行って反核・平和運動をしても、そこで広島の人たちに向けられる視線というのは、「でもあなたの国はアメリカの核の傘の下にいるんでしょ。そう言いながら廃絶を期待するんですか」という疑いの目なんですね。広島の人たちは日本が核の傘の下にあるということを意識化したのか、しなかったのか。長い間、直接的に問題視をしてこなかったんです。

実際は日本が核の傘にあるということを乗り越えなければ、広島のメッセージは説得力を持って他の国の人たちに伝わらないわけです。広島は、日本と核の問題を常に誤解してきたんです。このことはおそらくこの後、具体的な問題解決に歩みを進めていく上で大きな障害になるだろうと思っています。

例えば、今回オバマ大統領はプラハで核の廃絶を目指すというスピーチをしました。そしてそれに対して広島の人々、特に反核平和団体は肯定的な評価をしました。しかし、オバマ大統領のこのスピーチが行われた後で日本政府がどういう行動をとったのかはあまり取り上げられていません。実はオバマ大統領のスピーチの後、そうは言っても日本はアメリカの核の傘を確実に必要としているということをアメリカに働きかけ、そしてアメリカからも核の傘の提供を改めて確認をしてもらうという作業をしているんです。このような核の傘の強化という動きがあるのであれば、広島の人々はオバマ大統領に対して働きかけるのではなく、日本政府に働きかける作業をしなければいけない。しかし、そこの部分は広島の平和運動の中では置き去りにされてきたと言わざるを得ないんです。ここを乗り越えなければいけない。でなければ、実際に核廃絶は難しくなっていくだろうと私は思っています。

そろそろ私の持ち時間が終わりに近づいてまいりました。私は、広島の活動が住民が被ってきた被害を特化するあまり、今日的にはむしろ問題を生じさせてしまったということを問いかけたつもりです。おそらく広島では、「核兵器と人類は共存できない」というメッセージは今後も変わることはないだろうし、変えるべきではないと思っています。しかし、そのメッセージを伝えながら核廃絶という目標を達成したいのであれば、そのためのアプローチは時代に合わせて変えていくことが必要ではないかと思っています。具体的には被爆体験に特化するという手法を脱却し、また、被爆者にすべてを期待するという無自覚の思考停止から脱却するという方法です。

このような悶々とした不安感というものが果たして沖縄にはあるのか。ぜひフロアーからも情報をいただけたらと思います。

〈質問と討論〉

緒方　本講座は集中講義の一環でもありますので、ぜひ、会場の学生諸君から質問をいただきたいと思います。

学生１　佐渡先生の講演では、主に核被害者の主張の方向性が今になってちょっと違ってきたということを言いたいということでよろしいですか。

佐渡　「そうです」と言うと、多分沖縄から出られなくなると思います。私自身は被爆体験の継承には今日でも意味があると思います。それは今後もぜひ行うべきだと思っています。そのアプローチは最初に紹介のあった沖縄でやっていることと同じアプローチが必要ですし、その価値も変わることはないと思います。それは被爆体験の継承だとか、戦争について記録するとか、将来の戦争を防ぐというためには、たいへん重要な価値の継承です。しかし、もしも広島の平和運動として、それにプラスアルファして今日地球上にある核廃絶という目標に向かって展開していくというところに目標をおいた場合には、特化をしていたのでは、力が十分発揮できないだろう、それに合わせて異なる手法も取り入れていかなければいけないだろうと考えています。伝わったかな。

学生1　大丈夫です。

緒方　質問を変えましょう。佐渡先生は、被爆体験が特殊だと、そんなことを言っているがためにそんな話もういいよになってくる。沖縄もおそらく同じような問題があるのかなと思いますが。質問分かったよね。

学生2　分からなかったです。もう一回言ってもらっていいですか。

緒方　沖縄戦といったら毎回、毎回、おばあちゃんからかどうかは知りませんけど、聞かされているよね？

学生2　聞かされないです。

緒方　じゃあ、初めて聞いたんだ？

学生2　はい。

学生3　聞いたことはあると思うんですが、何かこうイマイチ記憶が……。

緒方　イマイチわからない。ということは意外と新鮮に聞けるということですね。例えば、糸数先生の話にあったシムクガマとチビチリガマの違いは有名なことなんですね。片方がアメリカ帰りの人がいて、バスの運転手ですよね、英語もペラペラだから、アメリカはそういうことしないはずだから、ちょっと俺が行ってくるよといって行ったところが、みんな出てこい、みんな殺したりしないよと。これはＴＢＳの筑紫哲也さんなんか何度も言っている問題で、本当に情報の違いが生死を分けたんです。片方は日本の昔からの教育だから。

佐渡先生から、広島では被爆体験が語られすぎている、同じようなパターンで言っているからみんな飽きているんじゃないかという話がありました。沖縄ではどうなんだと聞かれましたが、どうでしょうか。

学生４　自分はあまり聞かされてないですね。

学生５　佐渡先生に質問です。核兵器と人類が共存できないと伝えるメッセージ、世界に向けていい過ぎたということですよね。日本、身内側じゃなくて、外の方に向けてきた話だったと思うんですが、身内側にどんな言葉が必要だと思っていらっしゃいますか？

佐渡　これは非常にシンプルです。日本人が核の傘の下にいることをどう考えるのかを、広島の人々は日本の人々に問いかけるべきです。つまり、日本の政府は、例えば国際会議なり、国連なら国連で、唯一の被爆国日本と訴える、その同じ代表が別の場に行くと核の傘は必要である、抑止は必要であると言うんですね。この矛盾を日本の人たちがどう考えているのかというのを広島の人たちは問うべきです。それが示されれば迷わなくていい、両方言わなくていい。国民は核の傘をいらないと言っているから核の傘はいりません。そして廃絶していきましょうということになる。

学生６　じゃあ、最終的に原爆ドームとかはどうするべきなんですかね。

佐渡　原爆ドームは保存しましょう。私はどのように被害があったのかを伝えることが廃絶を実現する力になると、今でも確信していますから、その象徴的なものだと思います。

糸数 佐渡先生がおっしゃったことにお答えするかたちでお話しさせていただきます。沖縄も広島と同じように、証言者に対するいろんな注文やらケンカやらあって大変でした。例えば青山学院大学付属高等学校が平和学習でここへ来たとき、証言者の話に対する誤解というか、クレームがありました。先ほども出たお腹いっぱいになったという表現ですね、もう聞いたよと。でもそのことが新聞でもかなり大きな論争になり、そのことが高等学校の入試に出てきて、また大きな問題になりました。でも、きっかけをつくったということで、ひめゆりの先生方と修学旅行で来た学校側の話し合いが持たれ、良い方向にいったという事例もありました。

証言をなさる方々は、かなり高齢になっています。同じような話を何度も聞かされて大変だという人たちもいますし、先ほど「初めて聞きました」という学生さんがいましたが、沖縄だから誰でも知っているわけではないんです。平和学習をきちっとやっている学校もあれば、六月二十三日前後だけやっているところもあれば、まったくやらないところもあります。私は沖縄大学で十年、専門学校で十年、いろんな学生と関わってきました。地域や先生方の個人差があり、特設授業の中身も変わってきますので、一律にみんな知っているわけではないのです。でも徹底して学んでいる人たちがいることも事実です。実は戦後六十周年が終わったらおそらくこういう戦跡やいろんな戦争に関わる質問もないでしょうと言い切った人がいました。時代の流れだからそうかも知れないと思っていたんですが、実は逆なんです。今は教科書問題とか、戦争が終わっても米軍が存在するため基地の被害を現実的に受けています。女性の人権を侵害する事件事故もあります。やっぱり終わっていないということを実感します。

それともう一つは、こういうことが若い人には多分受け継がれていくのはきついだろうなと思っていましたら、そうでもないんです。琉球大学でも沖縄大学でも沖縄国際大学でも、こういう講義、授業の中で沖縄戦を学び、大学生が平和ガイドを一所懸命やっているんです。世代間や個人差はあっても、沖縄戦を学んでいきたい、それを仕事にしたいという若者たちが出てきていることも事実なんです。それはひめゆりでも同じことで、ひめゆり祈念資料館でも語り部になっていらっしゃる方々が、かなり年齢的にもいっています。次の世代に伝えられなかったら大変だということでビデオをつくりました。今、館内でも放送しているんですが、それを二十代、三十代の若い方々が、資料館で働いて先生方の後を受けて一所懸命学んでいることも事実なんですね。アレルギーになる方ももちろんいらっしゃいますが、そうじゃない方がいるということも現実にあります。

最後に一言。私が基地問題を訴えてアメリカに行ったとき、アメリカの政府関係筋、議員にも言われました。「皆さんが訴えるところはアメリカじゃないですよ、東京にどうぞ行ってください」と。県議会時代も同じことを言われました。国内問題をもっともっと議論すべきだなというのを感じます。

広島、長崎のことで言いますと、広島のことを八月五日の毎日新聞がこんなふうに扱っています。オバマさんに対する期待感というか、それはきちんと新聞に、現在、広島にいらっしゃる方々が訴えています。

質問者　佐渡先生は、糸数さんと違いがあると言われました。その中で糸数さんの話は住民の意思をくみ取り過ぎるんじゃないかと、確かそういうふうに僕は聞いたんですがね。広島の話を聞いていると、結局僕の印象は、広島の運動、長崎の運動は今じゃ無力だといわんばかりの話じゃないのか。この女、沖縄から生きて返すなというのが僕の意見なんです。

糸数さんから国家意思の形成という話がありましたが、糸数さんは、国家意思に対して人民意思を掲げ、今の政府に異議申立をしているわけです。しかし、佐渡先生の話の中には政府に対する異議申立とか、国家意思に対して人民の旗を掲げるということがまったくないんじゃないか。こんな研究者が何名いても役には立たんなというのが僕の結論なんです。というのも、日本政府の高官、首相もそうだと思いますが核武装論を唱えているし、敵地攻撃能力を身につけるべきだと言っている。核の傘は絶対外してくれるなという話があるが、これに対する佐渡先生の批判はまったくないじゃないですか。糸数慶子さんは教科書問題とか、軍隊は住民を守らないという歴史の教訓を掲げて、人民意思を掲げて行動しています。今日の佐渡先生の話には、国家に対する批判はまったくない。国家権力に対する批判はしないというのが違いなのかと。僕は聞いて非常に失望いたしました。

佐渡　ありがとうございます。このままでは、多分沖縄から出られない。おっしゃったことはむしろ私は《提案》している。私が強調したのは、広島の人たちは今の政府のやっていることに対して問題提起をすべきだということを強く言っているわけです。つまり核の傘にありながら、反核・平和運動をしているという矛盾に広島の人々は気付くべきだし、広島の人たちはそのことを核の傘というものから外れることも含めて、政府に働きかけをむしろすべきであるということを私は主張しているんです。むしろ、意識としては共有している、握手をしたい。この会場で。

住民の意識について、住民の被害について強調すべきではないとも思っていません。むしろ住民の意識とか住民の被害を、広島の人だからこそ反核平和の力を得てきたし、そのことはおそらく将来の廃絶活動にも力をもたらすと思っています。ただ、その反核のアプローチは時代に合わせて少しずつ新しいものも取り入れる必要があるということを言いたかった。一つ目の質問についてもむしろ熱くハグハグしたいというふうに思っています（笑、拍手）。

緒方　別に戦争賛成のゲストをお呼びしているわけではございませんので、沖縄から出られないとか、広島に帰れないとか、物騒な発言が続いていますが、そういう話じゃなくて、いろんなことを聞いて広島も同じようなことがあるのかなと。私が愕然としたのは学生たちが何も知らないのでどうしてくれようということです。

われわれは「被害者」ではない

野中　章弘

緒方　野中さん、お待たせいたしました。途中でパレスチナにも電話して生中継も入るかもしれません。よろしくお願いします。

野中章弘（ジャーナリスト）　好きなだけということなんで、じゃあ明日の朝まで……（笑）。いつもね、しゃべらせておくとずっとしゃべっていますから。このシンポジウムが終わっても質問とか意見とか批判を歓迎します。今夜は時間とってありますので議論しましょう。

糸数さんと佐渡さん、本当に刺激的な話ありがとうございました。二人のお話を聞いていて、僕が今日ここで話すべきことを頭の中で整理できたと思います。

さっき佐渡さんが言われた広島が訴える核廃絶の問題、これは佐渡さんとまったく同じ意見です。核の傘にあり、そして核の安全保障の中にある国家や人々が核廃絶を訴えても世界的には説得力を持たないだろうと思うんですね。

野中章弘氏

僕は糸数さんと佐渡さんとはちょっと違った視点からお話しします。僕は三十年間、ジャーナリストとして世界の紛争地などを歩いてきました。現場で感じた具体的な事例を皆さんにビデオ映像をお見せしながら、今日的な課題について考えていきたいと思います。

まず、日本人がこれだけ大変な戦争体験をしてきたのに、なぜ日本発の核廃絶や反戦、あるいは平和というメッセージが世界に届かないのか。そこから話をしたいと思います。

一つ目の核廃絶の問題はさっき言ったとおりです。アメリカとの日米安全保障条約の中で、核の傘にありながら核廃絶を訴えても国際的には説得力はない。

二つ目です。日本人は日中戦争、太平洋戦争はむろんのこと、明治以来ずっと戦争をしてきて、日本人にも多くの犠牲者が出ました。戦争はいやだとみんな思うわけです。しかし、多くの日本人の戦争の記憶というのは被害の体験なんです。僕は毎年岩手県へ行って、学校の先生たちと平和教育について議論するんです。この間行ったときも、ああやっぱりなと思ったのです。小学生に、自分のそばにいる人たちに戦争についての聞き書きをしてきなさいという課題を出すと、おじいさんとかおばあさんとか、お年寄りに話を聞いてきます。そこで分かったのは全部被害の体験なんです。戦争のときは、岩手も空襲を受けました。空襲でこんな大変だった、食べ物がなくて大変だった、という苦労の体験です。加害の体験はひとつも出てこない。

実際、戦争中日本に残った人は、女性、お年寄り、そして子どもです。彼らにとっての戦争体験というのはそういう被害の体験なんです。加害の体験を語れるのは誰かというと、元日本兵たちです。この日本兵たちは日本に帰ってきたときに、ほとんど加害の体験を語らなかった。語っている人たちも少数はいますが、家庭に帰っても自分の戦争中の体験というのはほとんど家族に語らなかったということなんです。

そうするとアジアの人たちと戦争認識において大きな落差が出てきます。僕は一九八五年から時々南京に行っています。当時の南京虐殺の生存者や研究者といろんな議論をするんです。去年も学生たちを連れて南京に行きました。南京の研究者と南京大学の学生たちと話をしたんですが、南京大学の学生が怒ってこう言ったんです。「日本の学生たちは来るけど、ぜんぜん戦争について勉強してきていない。知識がないから議論しても意味がない」と。僕はそうだろうなと思うわけです。僕が教えている学生たちも太平洋戦争、日中戦争のことを知らない。沖縄の学生たちは沖縄戦のことはよく知っている。六月二十三日に組織的な戦闘は終わったということはよく知っている。しかし、沖縄戦がどういう歴史的な文脈の中で行われたのかということについては、正確に語れる学生は少ない。つまり日中戦争から始まり、太平洋戦争があり、どういう歴史の文脈の中で沖縄戦が起きたのかということについては、ほとんど教えられていない。

アジアに行って、アジアの学生たちと会ったときに、韓国の学生も中国の学生も日本の学生も、みんな戦争はいやだねと言う。そこでは一致する。しかし、戦争がいやだねと言っている意味内容はぜんぜん違うわけです。日本の学生たちは、広島、長崎に原爆が落ちた、たくさんの人たちが死んだ。自分たちも戦争被害者だという意識。一方、中国とか韓国の学生たちは日本軍によって朝鮮半島が植民地化され、中国ではたくさんの中国人が殺害された。そういう記憶なわけです。いつまでたってもかみ合わない。

日本発の平和メッセージ、反戦メッセージが世界的に説得力を持たない三つ目の理由は、今起きている戦争、さまざまな争いごとに対して、日本人の当事者意識というのが極めて希薄だということです。これは後で言いますが、例えばイラク戦争もそうです。イラク戦争は今でも続いている戦争で、たくさんの一般の市民が亡くなっている。しかし、彼等の死に対して、ほとんどの日本人は痛みを感じることはない。イラクの側からすると、日本はアメリカと一緒になって軍を送ってきた国です。自衛隊を送ってきた。小泉首相は五千数百億円のお金を人道復興支援に使うことを約束した。人道復興支援に使うお金というのは全部戦争を遂行しているアメリカに回収されるお金です。

アメリカではさすがに揺り戻しがきている。イラク戦争開戦の理由であった大量破壊兵器の存在、そしてテロリストたちの支援をイラクが行ったということは間違いだった、嘘だったということは、これはアメリカ政府も認めた。だからイラク戦争は間違いだったんじゃないかという動きがアメリカにある。

しかし、日本はどうですか。イラク戦争を全面的に支持した小泉首相を非難する声はほとんど上がらない。それは過去のこととして忘れ去られようとしている。しかし、今でもたくさんの人たちがイラクで命を奪われている。沖縄戦で亡くなった人たち、広島、長崎の原爆で亡くなった人たち、東京の大空襲で亡くなった人たち、そういう死と同じような不条理な死が、今この瞬間にもイラクだとかパレスチナで生み出されているのに、それに対してほとんど反応していない。

太平洋戦争や被爆体験だけを持ちだして、反戦や平和のメッセージを世界に伝えようとしても、それは世界に届かないのではないかということをお伝えしたいと思います。

僕はアジアプレス・インターナショナルというジャーナリストのグループの代表をしています。大学でも教えていますが、十年前にアメリカのＣＢＳ放送に、われわれがどんな仕事をしているのかを説明するためにダイジェスト版を作りました。今のアジアの現状とわれわれが取材してきた現場を見てもらいましょうか（注・映像は一部省略）。

〈ビデオ放映〉

アフガニスタンでは二十数年内戦が続いていました。今も混乱の中にあります。戦っているのはタリバンと北部同盟です。首都カブールも長年の内戦で破壊されました。アフガニスタンは、土漠、遊牧民、イスラム教徒という、日本人のメンタリティーとひょっとしたら正反対にあるような、そういう気候風土の中で人々は生きています。

次は北朝鮮ですね。フランスのテレビ局で放送しました。中国側から北朝鮮を撮ったもので、

アフガニスタン

北朝鮮

北朝鮮から親を失って中国側に逃げてきた子どもたちですね。このシーンは北朝鮮の中の市場で隠し撮りしたものです。親を失くしたり、家を失くした子どもたちが市場に出てきて落ちているものを拾いながら飢えをしのいでいる様子です。この場面も中国側から撮ったものですが、たくさんの土盛は全部お墓です。一九九〇年代後半に、北朝鮮では百万から二百万ともいわれる人が餓死をした。お隣の国で、百万以上の人が餓死しているという異常な事態に対しても、日本人はあまり反応しなかったですね。

この映像はカンボジアです。カンボジアも長い間内戦下にありました。前線の兵士です。政府軍ですね。地面の上に置かれているのは地雷です。今、カンボジアには数百万個の地雷が処理されずに残っています。村人たちは戦闘を避けて村を離れています。

難民キャンプです。一時期五十万人のカンボジア人が難民としてタイに逃れました。

そして東ティモールです。インドネシアからの独立戦を二十数年戦ってきた東ティモールです。二〇〇二年、二十一世紀最初の独立国となりましたが、独立までに二十万人が犠牲になりました。

この兵士たちはインドネシア軍です。

カンボジア

親インドネシア派、反独立派の住民たちと独立派の住民たちの双方が身近な武器で武装しました。これは反独立派の民兵たちですね、インドネシア軍と親インドネシア派の住民と独立派の人たちが激しく戦ったわけです。亡くなったのは独立派の島民で、インドネシア軍に殺害されました。このような殺害事件というのは日常的に起きていたわけです。

インドネシアの警察や軍は徹底的に弾圧を行いました。

これは独立闘争を続けてきたゲリラたちです。こういうジャングルの中で彼等は二十数年間独立のためのゲリラ闘争を続けてきました。バズーカ砲を撃っているのはミャンマー（ビルマ）の少数民族カレン族です。六十数年間、武装抵抗を続けています。

インドネシアの民主化闘争の場面です。石を投げているのは学生たちです。

東ティモール

ミャンマー（ビルマ）

韓国のデモ、日本軍「慰安婦」、パレスチナ、チェチェン、バングラデシュ、中国領のチベット、チベット高原の農民たちです。最後はカンボジアです。

これは十年前につくったものです。全部われわれが撮ったものですが、この後に起きたアフガン侵攻、イラク戦争などは入ってません。それらの出来事については、後で話します。

こういう現場を歩いてきて何を学んだかというと、はっきりしていることがひとつあります。糸数さんも言われたように、軍は国民を守らないということです。これははっきりしている。僕は二十代、アジアの戦場を歩いてきたときに一番感じたのは、軍の銃口というのはまず最初に住民に向くということですね。アジアの歴史を見ればそれは明白なことです。東南アジアのタイ、ビルマ、インドネシアなど、多くの国が戦後長らく軍事独裁政権の下にありました。軍が最初に弾圧する相手は、民主化を闘う市民たちだったわけです。中国もそうですね。一九八九年の天安門事件です。それから韓国でも一九八〇年の光州事件がありました。

ほとんどすべてのアジアの国が、そういう歴史を持っているわけです。自国の軍は自国の権力を守るために、その軍事力を使った。これは僕にとって大きな教訓です。軍が住民を守る、国家は国民を守るために自らの軍事力を使う、そういうケースよりも、自分たちの権力を守るために自分たちのコントロール下に自国の軍をおくということです。これは日本もそうですね。首相（その時の最大政党の党首）が最高司令官となり、指揮官となるわけですから。国軍というのは権力は守っても人々を守らないということです。

自衛隊の隊員募集とか、広報のプロモーションビデオはまったく逆のことをアピールしています。自衛隊は「命を守る」「平和を守る」仕事だと。つまり自衛隊というのはわれわれを守るためにあるんだと。しかしそれは軍が持つ一面でしかない。アジアの歴史が教えていることは、多くの場合、軍の銃口は市民に向けられたということですね。それをまず最初にお伝えしたいと思います。

今日的課題について、これから話したいと思います。まず、日本発の平和へのメッセージ、あるいは反戦のメッセージは世界に届かないということについて少し補足したいと思います。僕がイラクに行ったときに、イラクの人たちはこう言いました。「日本は原爆の被害も受け、アメリカの空襲によってたくさんの人が亡くなった。そして戦後アメリカの占領も経験した。その国がなぜ、アメリカと一緒になって軍をイラクに送ってくるのか」と。日本人は空襲でたくさんの人が死ぬという、むごい体験をしている。そういう国が、なぜアメリカと一緒になってイラクに軍を送るのかということです。この問いはとても重いものです。

日本の多くの人たちはそう思っていないかもしれませんが、イラク戦争においては日本は当事国なのです。そこで何が起きているのか。われわれが作ったドキュメンタリーで考えてみましょう。

二〇〇三年三月二十日にアメリ軍の攻撃が始まって六年六ヵ月ぐらい経ちました。イラクで亡くなっている一般市民の数はどのくらいか、僕はいつも学生たちに質問します。これまで何百人、何千人にその質問をしましたが、一人として正しい数字を言った人はいないんです。戦争の当事国、しかも戦争をしかけた側の国家の一員であるにもかかわらず、われわれは誰もイラクで死んでいる市民について思いを馳せていない。それを知ろうともしない。これは一体どういうことなのかと思いますね。

われわれが作ったドキュメンタリーの中に、アメリカ軍がバグダッドに入城して、フセイン政権が崩壊した瞬間を撮ったシーンがあります。二〇〇三年四月九日です。このとき、パキスタン系イギリス人の女性がアメリカ軍に向かって、「あなた方は何人の子どもたちを今まで殺したんだ」と言うんです。反戦のメッセージを紙に書いて見せるわけです。アメリカ兵は「われわれは平和のために来た」と言う。すると、その女性は、「えっ、あなた方は平和のために来たのか、われわれだって平和のために来たんだけれど、あなた方がやっていることはそうじゃないんじゃないか」ということを訴えるわけですね。そのシーンからちょっと見てみましょう。

ビデオ〈米軍の空爆で犠牲となった人たち、子どもたちが犠牲になったシーン——省略〉

今この瞬間にもイラクでこういうことが起きているわけです。彼等の死に対して日本には責任があるんです。今までイラクで亡くなった人たち、六年数ヵ月で亡くなった人たちの総数ははっきりわからない。しかし、最低九万人から最大百万人以上と言われています。配付資料に「イラクボディーカウント」という資料があります。アメリカとイギリスの市民団体が市民の犠牲者数を集計したものです。今日（八月八日）のものです。数字が書いてあります。最少92641、最大101129。これがイラクボディーカウントの出した市民の犠牲者の数です。しかし、この数字が少ないという指摘がある。他の調査機関から出した報告では百万という数字がある。百万という数は太平洋戦争で亡くなった日本の民間人よりもはるかに多い。その人たちが今、われわれが荷担した戦争で亡くなっている。多くの市民の死を生み出している。しかし、日本の人たち一人ひとりはほとんどこれに反応するということがない。これは一体どういうことかと思うわけです。

パレスチナでも同じようなことが続いています。去年（二〇〇八年）の十二月二十七日にイスラエル軍がガザに侵攻し、三週間軍事作戦を展開しました。われわれはこの事件をどう取材するかと考えたんですね。世界のマスメディアがガザに記者を送り、そして集中的に取材する。しかし、われわれの今までの経験からマスメディアが取材しないこともあるだろうと考えました。それは何かというと住民の被害なんですね。

だからわれわれは徹底的にイスラエルの侵攻によって被害を受けた子どもたちの証言を記録してきた。子どもたちから見たら、このイスラエルの攻撃は一体何だったのかということ、それを問いかけるという視点で取材をしました。僕の事務所から行ったのは古居みずえというジャーナリストです。

われわれが予想したように、マスメディアは偏った伝え方をしました。メディアだけじゃなくオバマ大統領もそうですね。オバマ大統領は非常に賢明な大統領だと思います。彼には期待できるかもしれません。しかし、彼にすべて期待するような見方は間違いです。少なくともパレスチナ問題に関しては、アメリカは下院も上院もイスラエルの自衛権を支持するという決議まで出したわけです。オバマ大統領もイスラエルの自衛を支持すると言いました。国連もイスラエルの軍事行動を止めることができなかった。

その結果、何が起きたか。皆さんは忘れているかもしれませんが、イスラエルの軍事行動によって、約千四百人のパレスチナ人が死んだ。そのうち三百数十人は子どもなんです。これほど多くの子どもが殺されたにもかかわらず、それをイスラエルの自衛だと認める論理というのは一体どこからくるのか。誰が子どもを殺害する権利を認めたのか。軍事行動を行ったイスラエルも、兵士たちも誰もこの責任をとらされていない。処罰されていない。処罰されないまま、時が経っていって、パレスチナで起きたことはパレスチナの歴史の中に少し刻まれるだけで、人々の記憶からどんどん消えていく。このようなことが今、起きているんです。

パレスチナの人たちは、国際社会に対して、なぜわれわれが不条理な仕打ちを受けないといけないのかをずっと訴えてきた。一九四八年のイスラエル建国からいつも訴えてきたんです。しかし、国際社会は耳を貸さなかった。少なくともパレスチナ問題を積極的に自分たちの問題として解決するというふうには取り組んでこなかった。それに対するいらだち、絶望感というのはもの凄いものがある。

中東の最大の問題はパレスチナ問題です。アルカイダのビンラディンも最大の問題はパレスチナ問題だと言っている。つまりパレスチナ問題の解決なしには、中東に平和はやってきません。われわれは誰の視点に立ってパレスチナの問題を見なければならないのか。それは国家の視点ではなくて、そこに住んでいる人たちの視点です。まず、その視点を大切にしなければならない。

パレスチナが話題になるのは、ハイジャックをやった時とか、自爆攻撃をやった時とかだけで、それは往々にして、過激な行動として非難される。今回もそうですけど、朝日新聞なども、ものすごく罪が深いと思いますが、イスラエルがやったことは悪い、しかしハマスという過激派、イスラム原理主義のグループがロケット砲をイスラエルに打ち込むのも、これも悪いと。結局どういう論理になるかといえば、どっちもどっちとなる。どっちもどっちはあり得ない。戦争でもこれは社会現象なんですね、必ず原因がある。その原因を突き止めるため、歴史を一つひとつさかのぼっていく思考力がこの世界に失われている。思考停止の状況にあるということ。ずっとさかのぼっていけば、原因は必ずある。今、この瞬間だけみればどっちもどっち、ケンカ両成敗的にどっちも悪い。しかし、その立場、視点はおかしい。

少なくとも結果だけ見ても、イスラエル軍によって殺害されたパレスチナの人たちは千四百人、イスラエル人の死者は十三人です。千四百対十三、こういう割合です。現場にいけば分かりますが、これは大虐殺です。こういう虐殺が今起きているのに、われわれはさして反応していない。

四月に、パレスチナの子どもたちのドキュメンタリーをＮＨＫで放送しました。最初の部分だけちょっと見てみましょう。

ビデオ〈家族が殺害される場面を目撃した子どもたちの話など―省略〉

このドキュメンタリーは古居みずえが撮ったものです。すべてが破壊されて、焼け野原になっている光景は、日本人にも記憶にありますよね。沖縄戦の時にこういうふうに行き場を失った子どもたちがいました。原爆の時もそうだし、空襲の時もそうです。瓦礫の中に一人たたずんでいるんです。

今、パレスチナに古居みずえがいますので、携帯で繋いでみます。実はこの携帯は北朝鮮でもどこでも繋がるんです。ちょっと様子を聞いてみます。

野中「もしもし」

古居「はい、聞こえます」

野中「今、何時？　そっち」

古居「午前十時半です」

野中「子どもたちの被害の様子を記録しに行っているわけですが、簡単に状況を教えてもらえますか」

古居「イスラエルの侵攻で千四百人が犠牲になりました。そのうち三百人は子どもたちと言われているんですが、親や兄弟を失った子どもも多いです。戦争で引き裂かれた子どもたちなんです。今回のイスラエルの侵攻は、住民の密集地を狙っています。そういったことに関して国際社会は今のところ沈黙したままで、そのまま忘れ去られようとしています」

野中「分かりました。ありがとう。また、気をつけて……」

イスラエルの軍事行動は国際法に明らかに違反しています。住宅密集地をイスラエルは攻撃した。そして無抵抗の人たちを殺害した。これは国際法違反の軍事行動だと古居みずえは言っています。しかし、国際社会は沈黙を守っているということですね。アムネスティ・インターナショナルとか、国連などからいろんな非難は出るのですが、結局この軍事行動を行ったイスラエルに対しては何ら制裁措置をとることもないし、誰も処罰されていない。三百数十人の子どもたちが殺害されるという事件が起きても、国際社会がきちんと反応しないというのはどういうことなんでしょうか。

一般の市民社会では一人殺せば殺人犯です。三人殺せば死刑になるかもしれない。だけど国家が行う戦争で子どもたちが三百数十人亡くなっても誰も責任を問われない。この根本的な不条理、これを考えなければならない。これはなぜなのか。なぜそれが許されるのか。

オバマ大統領についていえば、核についてイランとか、北朝鮮には言及したが、イスラエルには一言も言及していない。イスラエルの核、これをどうするのか。なぜイスラエルの核には言及しないのか。

イスラエルは核を持っているとは言わないけれど、ないとも言わない。おそらく核は持っているだろうと思われる。イスラエルのガザへの侵攻に関しては、アメリカはこれを自衛として認めている。しかし、すべての戦争は自衛戦争の名の下に行われているわけですね。

配ったプリントの一番最後に、昭和十六年、一九四一年十二月八日の天皇の開戦の詔書がのせてあります。これを読んでください。現代語訳についてはちょっと間違っているところがあるかもしれませんが大意はこうです。ここに書いてあるのは、日本は大東亜の安定と繁栄のためにずいぶん努力をしてきたのに、中国だとか、アメリカ、イギリスが、そういう平和を乱そうとしていると。われわれはとことここに至っては、もう堪忍袋の緒が切れた。われわれは平和を望んでいるのに、大東亜、アジアを平和の場所にしようとしてるのに、それを中国が邪魔している。アメリカやイギリスも、そういう中国を支援しているという話です。太平洋戦争だって自衛のための戦争と最初は公表されたわけです。

糸数さんからも出ましたが、日本は逆戻りしているんじゃないか。これに対してはわれわれも非常に強い危機感を持っています。一九三〇年代に時代が逆戻りしつつあると思っています。それは新聞、テレビなどのマスメディアもそうです。批判力を非常に失っているんです。

その中で自衛隊をどうするのかということも大きな課題です。インド洋にも送られ、そして海賊を阻止するためにソマリア沖にも送られる。このままだとどんどん自衛隊は海外に派遣される。見た方もいらっしゃるかもしれませんが、自衛隊のプロモーションビデオがあります。海上自衛隊、航空自衛隊、陸上自衛隊。一見の価値があります。これを見て自衛隊に入りたいという人が出てくるかもしれません（笑）。

ビデオ〈自衛隊のプロモーションビデオ—省略〉

ビデオの中で、戦車も軍艦もバンバン、ミサイルなどを撃っていますね。これは明らかに憲法違反でしょう。第九条第二項「陸海空その他戦力はこれを保持しない」と明記してある。これを戦力でないと言い切れる人がいると思いますか。つまり、憲法第九条を持っていながら、実は日本という国はずっと憲法をないがしろにしてきたという結果がこれなんです。今、自衛隊は堂々とこういうものを見せるわけです。ミサイルをバンバン撃っていますが、どこに向かって撃っているのか、ぜんぜん分かりません。どこで撮影したのかも分からない。たぶん何千万円という金をかけて作ったわけです。「守りたい人がいる」「守りたい命がある」「平和を守るのが仕事だ」というのが自衛隊のアピールポイントです。あのミサイルの先で、落ちた先で何が起きているのかというのは何も描かれていない。ここにミサイルが落ちればみんなバラバラになってしまうでしょ。沖縄戦で沖縄の人は経験している。そういうことは一切出てこない。命を守る、平和を守るという、そういうことで自衛隊がどんどん存在感を増している。その意味で、僕も強い危機感を持っているということをお伝えしたいと思います。

最後に一言だけ。糸数さんも佐渡さんも言われましたように、われわれが向き合うべきなのはわれわれ自身なんです。そしてわれわれの国家なんです。日本という国家なんです。われわれはまずそこに向き合わなければいけない。少なくとも加害の歴史と向き合わなければいけない。そうでなければ、日本からいくら平和のメッセージを送り出しても、アジアの人からも相手にされない。世界の人々の心にも届かないんです。そのことを最後にお伝えして僕の話を終わります。

「人間を切り捨てる社会」を変えよう

緒方　それでは、ジャーナリストの岡留安則さんも交えてディスカッションをしたいと思います。

岡留安則（ジャーナリスト）

『マガジン九条』の平和憲法のブログ原稿も書いております。野中さんみたいに世界中を飛び回っているわけではなくて、昼はゴルフへ行ったり、夜は松山という街のキャバクラで飲み歩いたりして、移住生活を半分謳歌しながら、でも沖縄問題は真面目に考えたいなという、そういう生き方をして沖縄におります。

今日は甲子園で興南高校が出ていますので、きっと学生が少ないんじゃないかなと思ったのですが、結構集まりがいいのでびっくりしました。授業の一環だからでしょうかね。

沖縄というところは甲子園大会ではすぐまとまるんです。少女暴行事件、これもすぐまとま

る。教科書問題でもまとまる。ところが普天間の移設、辺野古基地建設となると世論が二分してしまう。与那国に自衛隊を誘致しようという町長選があると、これまた二分してしまう。二分する場合と、まとまる場合がはっきりしている。二分する場合は大体経済がらみの問題になるかと思います。つまり経済か基地かという、沖縄ではずっと言われてきた永遠のテーマがそこにかぶさってくる。

しかし、そこで基地があった方が沖縄の経済のためにプラスになるという発想は、与那国に自衛隊呼んだら与那国の経済が活性化するという発想と一緒で、過疎のまちに原発をつくれば、そのまちは経済効果で豊かになるという発想と共通すると思います。そこをどうやって乗り切っていくかという問題は糸数さんとも以前話したことはありますが、基地を抱える沖縄にとっては非常に重要な問題ではないかと思います。

今日は、お三方の話を聞いて、僕風にまとめろという役回りだと思いますので、簡単にやります。

糸数さんの話で一番興味深かったのは読谷のガマの話ですね。ガマの中心的な人物が軍人だった場合と、アメリカ帰りの合理的な発想を持つ人だった場合によって、完全に二分されたという話です。ここで決定的に見逃していけないのは、情報ですね、当時は日本はメディアも含めて、大本営発表で一色にされていましたが、その中でちゃんと日本は戦争に負けるということを予想した作家とかいっぱいいるわけです。戦争に否定的な文化人、その人たちの声はメディアで一切発信できない時代だった。こういうことを教訓として知っておくべきだろうと思います。

佐渡さんの話で興味を持ったのは、広島の原爆反対運動が神聖化されすぎて、若い人たちがアレルギーを起こしているという話ですね。反核運動のある種の行き詰まり感というのを正直に吐露されていましたが、これは多分、沖縄にも通じる問題だろうと思うんです。沖縄の基地問題に対する運動もある種の閉塞感に陥っている。はっきりいえば、戦争の悲惨さを訴え続ければ戦争は無くなるわけじゃないということですね。

これはメディアが非常に大きな社会的役割を果たすと思うんですが、メディアにも責任の一端はあります。どうしたらいいのかという問題を真剣に考えていかないと、反核あるいは沖縄に対する非戦の訴えをいくら延々とやり続けていっても限界がある。

僕は松山のキャバクラに行くのでよく分かりますが、松山の若い子たち、特に女性たちに、ひめゆりの塔に行ったことがあるかと聞くと、大半が行ったことがないと言うんです。どうしてと聞くと、あそこは霊が出るからいやだ、気持ち悪くなるから行きたくないと、こう言うんですね。沖縄は神々が住んでいる島らしいですから、そういう発想も分からなくはないですが。本土からいくら修学旅行生を反戦教育のために沖縄に呼んでも、肝心要の足下の沖縄の中高校生たちが戦跡、基地に関して関心を持てない。あるいはおばあちゃん、おじいちゃんから悲惨な戦争話を聞いているからアレルギーになって聞きたくない。それではやっぱり反戦の非戦の決意というのは受け継いでいくことはできないだろうと思うんですね。

今日は広島と二元中継ということらしいですね、広島と沖縄がオバマ大統領を呼ぶという、これはぜひ実現してほしいと思います。オバマ大統領は核廃絶を言っています。具体的にどうやっていくのかというのは、やはりオバマ宣言を世界が盛り立てていくしかない。核の傘の下でいくら核廃絶と言ってもという意見がありましたけど、まったくそのとおりで、具体的にオバマ大統領に、まず広島、長崎に行ってもらう、そして沖縄に来てもらう、普天間を見てもらう、平和祈念公園に行ってもらう、戦跡も見てもらう。そこからオバマ大統領の新しい世界戦略の発想が出てくれれば、沖縄にとってもプラスになります。

沖縄の仲井真知事も含めてアメリカに行きましたが、アメリカのキーマンは誰も会わないんですね。無視されているんです。沖縄県の自治体が東京に行ってもほとんど外務省、防衛省の役人たちはコケにしています。相手にされていない。具体的にどうしたら相手にされるようになるかということを、こちらが知恵を絞っていかないといけない。例えば県民一体となったすべての政党、あるいは知識人、学生たちがオバマ大統領にぜひ沖縄に一度来て沖縄の現実を見て欲しいと、極東最大の米軍基地の内情を見て欲しいと、日米地位協定がいかに不平等な存在であるかということを知って欲しいということを、沖縄が全県的に伝えていくしかない。広島ももちろんそうだろうと思います。現状打開のために、そういうことが必要じゃないかと思いました。

野中さんはほとんど僕と同じ立場のジャーナリストだし、野中さんに関してはまったく異議ないし、異存ないし、最後の自衛隊のＰＲ番組なんかどこで見つけてきたんだろうと思って感動していました。皆さんの話、勉強になりました。ありがとうございました。

緒方　沖縄の会場、広島の会場から質問を受け付けますが、まずゲストの方に一言ずついただきます。

糸数　今の岡留さんの指摘の中でやっぱりそうだなと思ったのは、今の沖縄の状況の中で、経済自立ができない方向へ日本政府が押しつけている。つまり米軍基地が返還されて、その跡地に、北谷町あたりでもそうですが、街がつくられて地域が活性化しているところの人たちは、米軍基地の返還をそう怖がっていないんですね。ところが基地に依存する大きな理由は、先ほどの自衛隊も一緒なんですが、働き手として高齢化している方々が、これから基地を返還されても困る。そこで個人的な立場から見ても、土地を米軍や自衛隊に貸していた方が良い。あるいは日本政府が土地を接収してアメリカ軍に貸しているんですが、そんな構図ができていて、直接、経済との関わりがある問題では、やっぱりマチがムラが沖縄県が二分されるということ。

まさにそのとおりで、それをさせているのはどこかというと、やはり日本政府であって、政府は沖縄が経済自立するのを一番怖がっている。

アメとムチの政策を政府がとっていること、現在の沖縄の基地問題がなかなか解決していかないところです。本来沖縄の人たちは土地があって、そこが生産の場所につながっていくのであれば、本当は基地はいらないと思っていますが、それをさせていないのが日本の政府であって、教科書問題も基地の問題もやっぱり一番の元凶は政府だということを申し上げたいと思います。

佐渡　私は随分と語り足りない部分もあったんですが、その中で言い残したまま帰れないなと思っているのは、おそらく広島の閉塞感を打破する唯一の道は、やはり今日の問題に向き合うことだろうなと思っています。先ほどご指摘があったように、やはり今、生きている若い人たちやもちろん先輩たちもそうですが、過去から何らかの役割を見出して、その役割を果たすために、今日と向き合うというアプローチをおそらく広島の人たちは今、手に入れようとしているんだと思います。例えばそのうちの一つがオバマを呼ぶということなんだと思うんですね。

例えば、被爆して何が起きたかということを語るだけでは、自分に何ができるかわからなくて、フラストレーションだけが溜まっていた世代が、その思いを原動力としながら自分たちにできること、実際に起こせる行動を手に入れたときに希望を見出しているんです。ですからおそらくはいろいろなアプローチはあるけれども、自分たちができるメニューを手に入れたときに、広島における平和運動もまた沖縄における平和運動もより力を手に入れていくんだろうなと思っています。

オバマの招聘の話を出したとき、先ほど岡留さんもおっしゃったので、若干ためらいもあるんです。私自身はオバマを呼ぶことに大賛成をしているかというと、そうでもないので、私は留保をつけたいところがあります。しかし、新しいメッセージを運ぶ手段を若い世代が身につけたということは、肯定的に感じております。

野中　じゃあ手短かに。資料をひとつだけ説明します。「平和甦る南京」という見出しのついた新聞記事がありますね。これは一九三七年（昭和十二年）十二月二十日の東京朝日新聞です。この記事をどこで見たかというと、東京の靖国神社に遊就館という戦争博物館がありますが、そこに陳列されているんですね、南京虐殺はなかったと、朝日新聞だって当時はこう書いていたよということの証拠として陳列されているのが、この新聞なんです。

これは南京大虐殺が進行している真っ最中の時期です。日本軍は十二月十三日に南京に入城した。そのときに東京朝日新聞は「平和甦る南京～皇軍を迎えて歓喜沸く」と書き、日本軍が南京を占領することによって、南京に平和がよみがえり、日本軍を南京市民は歓迎したと伝えたわけです。これを今の朝日新聞の社員、五千数百人いますけど、この記事が正しいという記者は一人もいないはずです。全否定された歴史なわけです。しかし、もし日本が戦争に勝っていたら、これは歴史的事実として刻まれたはずなんです。今の新聞も同じような過ちを繰り返していないかと、自戒を込めて考えてみると、例えばイラク戦争ですね、これは独裁政権から民衆を解放する戦争であり、米軍によって人々は解放された、そういう論調で新聞の記事が書かれたりした。歴史は繰り返されていると言わざるをえません。いろいろ否定的なことを言いましたけれども、ただ、五十年、百年、百五十年、二百年というスパンで時代を見れば、人類は戦争を廃絶する方向に随分努力をしてきた。それは本当にそうなんです。こんなに悲惨なことを繰り返すわけにいかないという、人類のたゆまない努力があったんですね。戦争を非合法にしようという願いは、一九二八年パリ不戦条約、国連憲章、そして日本国憲法へと続いてきたのです。日本国憲法は日本人のためだけにあるんじゃなくて、ずっと長い人類の願いというものが、そこに結実した結果、生まれてきたものだと思うんです。ですから、今、戦争を廃絶できない、核を廃絶できないからといって、希望を失う必要はない。オバマも言っているように、これは五十年、百年後を見据えたたいへんな作業です。人類の歴史を見ていけば、例えば植民地主義がありました。その前に奴隷貿易もあった、しかし人類は奴隷制を廃止した。植民地もほぼ廃絶した。次は戦争なんです。これは一番やっかいです。だけれども長い努力の小さな積み重ねの上に戦争廃絶というふうな方向に向かうと僕は信じているし、また、そうならなければいけないと思っています。

緒方　広島修道大学の学生さんに聞いてみたいと思います。先ほど佐渡先生がもう私は辟易したみたいな言葉をおっしゃいましたが、皆さんの年代は、広島の被爆体験というのは語られ過ぎているのか、それともどうなのか。

竹重（広島修道大学学生）　僕は広島で生まれて広島で義務教育を終えたので、佐渡先生のおっしゃったことはすごくよく分かります。平和学習というのは言い方が悪いですけど、しっこいというか、うんざりするぐらい受けた。極端ではないですが、確かに平和学習をするごとに毎回ショッキングな映像を見ることもあって、つらい思いをしてうんざりするような気持ちになっているとは思います。

平和学習で、原爆ドームに行ったり、平和資料館に行ったり、映画をみたり、話を聞いたりということを繰り返してきました。それで、うんざりしたんですけど、皆さんの話を聞いたり、ビデオを見て、加害者としての側面もあったりするということも気付かされたし、考えも変わった部分もあります。それでも中学生とか高校生がオバマ大統領を呼ぼうという活動がある。そこまで、シンプルな考えで行動はできないけれど、したいと考えている学生とか若い人は多いと思うんです。自分たちのような若者がすべきこととというか、期待することみたいなことがあれば教えてください。

岡留　岡留です。オバマに関して言えば福井県に小浜市ってありますよね。そこの人たちがホワイトハウスへ行って会ったはずなんですが、オバマって人はミーハーなところがありますから、ちょっと功名心をくすぐれば会えると思います。なぜ、オバマなのかを佐渡さんに説明したいんですが、沖縄にはケビン・メア総領事がいます。この人はとんでもない人です。私がヤマトから来て一番腹が立つのはメア総領事の発言なんです。沖縄を完全に植民地扱いしているる。ほとんど上から目線ですべて決めつけるような人が、今度は国務省の日本部長になるんですね。次の沖縄総領事には大使館の第一事務官が来るんです。大体これを見ていると、オバマ大統領に沖縄の実態というのはまったく伝わってないと思います。

沖縄の実態をオバマに伝えるとするならば一番近いのは外務省です。しかし、外務省は沖縄において何もしてないんです。一九七二年の返還密約にしても、すべて嘘っぱちで、密約はなかったと言い張っている。過激ですけど、こういう外務省を叩き潰すと。僕は昔、過激派だったものですから、ついそういう言葉が出るんですが（笑）。外務省を一回解体しないと、日米関係の有効な事実的な関係性は持ち得ないというのは僕の持論なんです。

結論的に言うと、これが非戦の勧めの核心なんですけど、やはり沖縄も政権交代に乗る時代を迎えていると思います。少なくとも日米地位協定の改定を民主党は言っています。普天間の県外・国外移設も言っています。そういうふうな意味で現実的・具体的には政権交代が有効ということになります。

ちょっとずれてきたので、元に戻すと、オバマ大統領にみんなで手紙を書くとか、広島中の人たちも含めて、割と草の根に近いところの運動の方が、外務省や官邸を通してアプローチするよりもはるかにオバマ大統領の琴線には触れるんじゃないかと思います。

彼は歴代アメリカ大統領で初めて、核廃絶ということを打ち出したわけですから、そこに便乗しない手はないと思う。核の廃絶は難しい問題ですが、それを初めて米国の大統領が言ったわけですから、広島や長崎の人たち、あるいは沖縄の人たちにとっても、そこに一縷の望みをかけて手紙作戦でもいい、ホワイトハウス訪問とか何でもいいと思います。そういうかたちでアプローチ、メッセージを送っていく。オバマに決して過剰な期待はしていませんが、前のブッシュよりは、はるかにマシだろうという相対評価なんです。現実政治に相対するには、そういう発想の方がいいんじゃないかと僕は思います。

緒方　沖縄の会場、質問はありませんか。

質問者　野中さんに二点質問があります。一つは、さまざまな現場、国外の現場を経験されて、ご自分に無力感などを感じられたことはありますか。二点目は、もし感じられたことがありましたら、それでも現場に足を運ばれる、そして発信されるという原動力、問題意識のようなものを教えていただきたいです。

野中　無力感を感じることはあまりありません。なぜかというと、この仕事が好きですから。使命感というものは後からついてくるものだと思います。僕は現場に行っていろんなものを見てそこで感じることが好きです。この仕事が好きだから楽しいと思っています。

何もできないじゃないかと言われることもあります。その時はよくこんな話をします。イラクにボランティアで行って、拉致されて「自己責任」でバッシングされた高遠菜穂子さんという人がいますよね。彼女と話したら、とてもおもしろいことを言っていた。非常にいい言葉を言ったんです。それは何かというと、彼女が大谷昭宏さんにちょっと意地悪な質問をされたときがあるんですね。一人でイラクにいってボランティアやっても何も変わらないじゃないですか。状況も変わらないし、一人でできることなんて知れているでしょ。命をかけてまで、あるいはそういうリスクをかけてまでイラクに行ってやる意味があるんですかと聞いたら、高遠菜穂子さんはこう答えたんです。「微力と無力は違う」と言ったんです。微力であっても無力ではない。これは非常に励まされる言葉です。われわれのやっていることで、今この瞬間に何か変わるということはないかもしれないけれども、さっき言ったように五十年、百年という長いスパンでみたら、そういう小さな積み重ねが、社会を変えていくんだろうと思うんですね。ですから僕は、あまり無力感というのを感じることはないんですね。

それともうひとつ。僕がここに来て話をしたり、取材をしたり何か記事を発表したり、ドキュメンタリーを作るということは、人のためにやっているんじゃないですね、僕自身のためにやっているんです。僕がそうすべきだと思っているからやっているんです。だから誰かのためにやっているという感覚は僕はないですね。自分がやるべきことを自分がやればいいと。影響力はひょっとしたらまったくないかもしれないし、ある程度あるかもしれない。でも影響力があるかどうかということには、僕はあまりこだわりはないですね。自分がやるべきことをやるだけ、それだけです。ですからどこでも一人でも聞く人がいれば、話に行きます。この間も東大に行ったら三人しかいなかった。その時は腹が立ったですよ、何で三人しかいないんだよ、主催者ももっと集めろよ、と思ったんですけれども、三人でも耳を傾けてくれる人がいるというのは幸せなことですね。

緒方　学生が少し少ないなと。いつもそうなんですよ。だから土曜教養講座に学生を集めないと今後もたないんじゃないかと心配してますが、質問、はい、どうぞ。

質問者　全員の方にお聞きしたいんですが、沖縄の内部で、例えば那覇青年会議所の人たちが小林よしのり氏を呼んだり、あるいは田母神さんといった、戦前の軍部の発言を彷彿とさせるような人間を呼ぶ、そういう人に共感を持つような人が沖縄の内部にいる。それは沖縄の内部の矛盾だと思うんですが、沖縄の反戦だとか、平和だとか、そういう内部の意識を分断させる要素が、この沖縄の中にあるんではないかと思うんですが、先ほどの佐渡さんの話で平和教育にアレルギーを持っている若い世代が小林よしのり氏のマンガを読んで癒されて、そういうふうに走って、小林氏のマンガを読むなり、田母神氏の講演会に行ったりするような人が沖縄の中にも出てきていると僕は思っていますが、それをみなさんに聞きたいんですが。

緒方　この前、小林よしのり氏と対立している佐藤優さんをお呼びしたところ、三百人の教室に五百人来ました。これも一つの現象といえるかと思います。実は小林よしのりさんと対決させようと思ったんですけど、向こうが乗ってこなかった。確かに田母神さんにしても八月六日に広島に行ったのかな。では、一言ずつお願いします。

佐渡　どこまで分断に繋がっているのかどうか、沖縄での状況は私はよくわからないので、広島の状況を思い返しながらお話しします。八月六日に、広島では田母神さんを呼んで講演会がありました。秋葉市長が激しく反発しましたし、被爆者団体も反発しました。広島での反発のポイントというのは田母神さんの思想に対してではないですね。田母神さんの思想は彼の思想なので構わないけれども、その思想が広島の人々にとって非常に重要である八月六日に広島で展開されることに対して反発を示したのです。祈りの日は祈りの日として過ごさせて欲しいというのが反発の理由でした。ですから、田母神さんのような思想が広島で一大勢力になりつつあるというようなことはないですね。反発をする声がもちろんあるわけです。ただし、若い世代がそういう復古的な考えに共感をする人が出るかと言われると、もちろんそうではない。

ただ、私自身は異なる考えの人たちが広島に来たときに、その思想にちゃんと対応できる、論破できるような力を平和に関心がある若い人たちは知識をしっかりと身につけておいてもらわなければいけないし、常に、討議をして自分たちの論理というものを強めていく、そういう機会をむしろ積極的に持つべきなんじゃないかなと思っています。

野中　今、佐渡さんが言われたことと、僕も同じ考えです。今、あなたは分断と言われたけど、大体、田母神氏とか小林よしのり氏に何か言われたからといって意識が分断されるようじゃ大した意識がないということなんですよ。

田母神氏の論文も読みました。小林よしのり氏は時々しか見ません。だってめちゃめちゃですもの、はっきり言って。南京の事件は、「南京！　南京！」という映画（中国の監督が撮っている映画）が中国で評判になっています。映画「南京！　南京！」はご存じですか。南京事件のときの日本の将兵を軸にして描いた南京虐殺の映画なんですよ。それを日本で放映しようと思っているんですが、なかなか配給を受けてくれるところがないんですね。

そういう話を先週も別の大学でしてたら、南京事件というのはまだ確定されていないのに大学でそういう発言をしていいのかと学生が糾弾するわけですよ。僕は怒らないですね。佐渡さんが言ったように、その学生ときちんと話をしていく。あなたが南京虐殺を否定する論理というのは何ですか、根拠は何ですかと。その学生は、誰かが言ったようなものを引っ張ってくるんです。それを一つひとつ、それは事実として確定されていることですかと聞いていくと、さしたる根拠は何もないんですよ。誰かが言っていることをオウム返しに言っているだけの話なんです。
つまり、小林よしのり氏にしても田母神氏にしても、こういう考えの人たちはいつの時代でも必ずいるんですよ。戦後もずっといます。あれだけナチスを否定するようなドイツにだってネオナチの人がいるわけです。百人いれば百の意見があっていいんです。右から左までいろいろあっていいんです。大切なのはそういう意見に対して、自分がきちんとそれに左右されない意見を持つということです。今は、ずっと右よりになってきていますね。右でも左でもね、あいう意見は極端だよね、その真ん中が「常識」としてあったわけですが、その軸がどんどんぶれてきているんです。どちらが論理的で、どちらが筋が通っているかということは、きちんと話をすれば必ずわかる。だからああいうことで分断されることを恐れる必要はまったくないと僕は思います。

糸数　三年前だったと思います。「小林よしのり沖縄に来たる」ということで鼎談の対象というか、私も一緒になって話をしてほしいという依頼がありました。これはまたとないチャンスだと思いました。小林よしのりさんが伝えている沖縄戦の伝え方は違いますよということを申し上げたいために、コンベンションセンターでの一千人規模の集まりに出ようと思いました。でもそれは私を支援している人たちから、違うよということで出ることを止めました。実はそのために、彼の今まで発表したものを全部取り寄せて、私なりに理論武装したんですけど、今考えてみるとああ出なくて正解だったなと思っています。
それはなぜかというと、そこに居合わせた人たちの状況が、次のマンガで全然違う方向で伝わっていまして、私たちが思っていることとは違う方向に行った、単に彼の提案をしている、いわゆる日本の軍隊をこれから持つべきだということで、アメリカ軍はいらないという彼の思想を裏付けるかたちで利用されるにすぎない状況になってしまったでしょう。

彼を呼んだグループは沖縄の遺族会の方々が中心になったと聞いていますが、これは全国一緒だと思うんです。商工会議所の青年部の皆さんが、ぜひ私の話も聞きたいと、何度も足繁く私の事務所に通ってきましたが、結局出ませんでした。良かったと思っています。

いろんな考えの方があって当然であり、それは必要だと思うんですが、沖縄選出の国会議員の中には彼（田母神氏）のような素晴らしい方が日本にいらしたんだということをブログに載せている方がいらっしゃいますので、本当に沖縄戦を体験した沖縄の県民の声を吸い上げて国会で活動する議員なのかと、私には大いなるクエスチョンがあります。小林よしのりさんは最近またいろいろ活動していらっしゃるようですけれども、「朝まで生テレビ」に出たときに、私は自衛隊はいらないということをはっきり言いきって、それから朝生には呼ばれなくなっております。少数派の意見というのはやっぱり通らない今の状況の中で、メディアの果たす役割が大事なのに一方的なことしか伝わらないというのは残念だなと思います。

今の質問とはちょっと違いますけど、沖縄国際大学にヘリが落下したとき、本土の報道の中で真っ先にこのことが取り上げられるのかなと思いましたら、ランクからいえば五番目で、ナベツネさんの進退問題がトップで、オリンピックの話が出てきて、五番目のニュースの中で、ちらっと沖縄の問題が出てきました。これは大本営発表とはちょっと違うかもしれませんが、本土のマスコミは、沖縄のことは伝えていないというのが、今、全国を回って講演をしている中で強く感じることです。

今日、話したようなことや、沖縄で米兵に少女がレイプされた事件とかいろんなこと言ったら、知らないという方があまりにも多い。やっぱり沖縄のことは伝えられていないということを強く感じます。六十四年前に逆戻りしないようにと思って、チャンスがあれば全国どこへでも出かけて行って話をするようにしています。

岡留　小林よしのりとは結構因縁がありました。小林よしのりがＨＩＶ訴訟団の川田龍平くんとまだ蜜月時代だった頃、『週刊ＳＰＡ』でゴーマニズム宣言の連載が始まりました。私の雑誌『噂の真相』は、小林の父権主義を見抜いたので、その視点から小林よしのりを批判するという特集記事をやったんですね。そのせいで、私は小林からは極悪人のようなマンガを何回も書かれました。彼はマンガを通じてイメージを喚起させる手法を駆使する能力を持っている。唯一の才能でもあるし、小林マンガの危険なところだと思います。彼が川田君たちともケンカして行き着いた先が靖国神社の御霊だったんですね（笑）。私の実家も神道ですけど、私はその一点だけでも、バカバカしくて小林よしのりは無視することにした。沖縄大学で佐藤優と小林よしのり、もしくはこの大学の宮城教授の対談を画策したんですけど、うまくいきませんでした（笑）。

田母神航空幕僚長もそうですけど、多少メディアが面白がりすぎているという部分があると思うんですね。田母神氏はそんなこと言うんだったら自分でクーデターやってくれと、やったら止めてやるよぐらいの、こちらも開き直ってやればいい。彼はそれをできないからストレス発散で論文を書いたというのが真相だろうと思うんですね。皆さんの意見と同じで、小林よしのりとか田母神氏は世界遺産じゃなくて日本遺産でもいいんですけど、言論は自由なんだから、とりあえず言わせておけという対応でいいという立場に僕は立っています。

緒方　広島の大熊先生、一言コメントお願いします。

大熊　お三方の講演とコメンテーターのお話、非常に興味深く聞かせていただきました。第二次世界大戦がどういうふうに終わったかというと、アメリカの原爆の爆撃と、それから陸上では沖縄侵攻、そういうことによって日本を敗戦に追い込むということで第二次大戦を終えた。アメリカがそれによって勝ったことによって、アメリカは戦後ずっと戦略的優位を維持してきた。核は持ち続けたし、沖縄に基地を持ち続ける。そのアメリカにすり寄ることにより何とか平和を確保しつつ、高度経済成長という方向で日本の経済復興を持ってこようということで、ある部分は成功したわけですけど、沖縄を質に入れっぱなしという状況であったんだろうと思います。

アメリカの軍事的優位と安全保障上の覇権というものが、アメリカによる秩序に反抗するものは軍事力で押し潰すという現状ができてしまっているということは事実なんですが、冷戦が終わってから、実は脅威というものが非常に曖昧になってしまった。

そういう中で、今この戦争と、戦争の体制により利益を得ている人々、こういう人たちがこの体制を維持し続けようということになっているのではないか。私が言いたいことは、ややこしいんですが、今、加害者と被害者というのを区別するということは非常に難しくなる。イラク戦争の中でブッシュとか、関係していたバイリーンとか、いろんな会社があります。ウォルマートなんかもそうですが、戦争でも稼いでいるし、平和でも稼いでいる。そういうふうな経済体制というものの中に日本もいるわけです。

これはちょっと話が飛躍しますが、今、環境の問題に関しては「環境会計」ということが言われるようになっています。各企業が環境の保護のためにどのくらい支出し、環境悪化のためにどのくらい支出をしているかということの差し引き勘定を計算した上で、それで株式会社の報告の中に入れましょうということをやっているようです。ＩＢＭなどが会社のデータとして株主のためにということでやっている。これと同じことを平和ではできないのか。「平和会計学」というものを、ぜひとも若い世代につくってもらいたいというのが、私が三年前に沖縄大学で学会に出て以降持っていることです。沖縄戦と第二次大戦が終わった後のアメリカが、その遺産を持ち続けている、そのことが未だに戦争が続くということになるんでしょうが、それを非戦の枠組みというものに変えていこうとするためには、戦争を語るのではなくて、どうやって平和を語るのか、もっと平和について語る必要があるんだろうと思います。

緒方　大熊先生どうもありがとうございました。沖縄会場に沖縄大学の桜井学長がいらっしゃいます。環境の専門家です。例えば平和の会計とか、そういうのはできるものなんでしょうか。

桜井　環境会計と平和会計というご提案がありましたが、年に百五十兆円の軍事費を世界はつぎ込んでいるわけですから、そういう学問はぜひとも必要だろうと思います。これは荒っぽいかたちで始めて、少しずつ精緻な議論をしていけばよいのだと思います。大変な貴重な提案ということで前向きに、沖縄の平和会計ですね、沖縄の平和会計、あるいは個々の企業、組織の平和会計というようなことをやってみて、沖縄全体としての平和会計、そこで議論していけばいいんじゃないかなと思います。これは非常に重要な視点だと思います。

それと私、皆さんの議論の中で啓発されたのですが、われわれは加害のことをほとんど語らないですね。特に野中さんがおっしゃいましたが、実は、われわれ沖縄大学も協力してアジア青年の家という事業を現在進行形でやっています。そこにアジアの国々の若者、高校生が集まっているんですが、集まっているアジアの若者に共通してあるのは何か、差は何なのか、お互いに一番大事なのは、異なる人の意見にちゃんと耳を傾ける、お互いに理解しあうように努力するということだと思うんですね。アジアは非常に多様です。宗教も多様なら言語も多様、かつての宗主国もみんな違う、アジアに共通するところはまったくないんですよね。そういうアジアの若者たちが集まって、ここで議論している。平和なアジアをつくるためにどうしたらいいのかということなんですが、そこで私が特に日本の高校生に対して問題提起したのは、アジアはまったく多様で共通するものがないと言われているけれども、実は共通するものが一つあるんだ、梅棹忠夫さんが東南アジアには十ヵ国ほどあるが何も共通するものがない、一つを除けば、と言っているんです。日本に侵略され占領されたこと、この一つを除けば、共通するものは何もないんだということを日本の若者は誰も考えたことがない。これではアジアに平和をつくれないと思うんですね。

そういう意味で、人の意見を聞くという訓練が足りないんじゃないかと思います。多様性を認めるというのは他人の意見を聞くということです。そういうふうに思いました。平和会計からちょっと脱線しましたけど。

緒方　では、最後にゲストの方に一言ずついただいて終わりたいと思います。

岡留　糸数さんの前でなんですけど、ひめゆりが悲劇として語られることは非常にたくさんありますが、実はそのひめゆりの女子学生たちは、当時、報国日本のためにという精神がなかったのか、率先してお国のために行ったという部分はなかったのかという問題提起も同時にしなければ、被害者意識だけでは自分たちも一時期は加害者の立場に立ったということを忘却してしまい、連帯意識は生まれないだろうと思います。

最後に、沖縄に国連のアジア支部を持ってくる、これも僕の持論なんですね、ぜひ持ってきてほしい。何が一番変わるかというと、世界中のメディア、アジアのメディアが沖縄に来るということで、沖縄の基地問題は常に世界に向かって発信される、そういう効果がある。ぜひ、沖縄にアジア支部、もう一ついえば、下地島空港に自衛隊ではなくて、国連の緊急支援センターをつくる。インドネシアとか、そういう地震や津波などの災害のときに飛び立てる空港にしていく、それによって日本の国際的な平和貢献というのはかなり前進するのではないかと私は思っています。

下地島は宮古島の近くにあり、空港に三千メートル滑走路があり、現在は民間航空機パイロットの訓練用に使われています。地方自治体としてはそこで経済効果を生み出したいということで自衛隊を誘致しようという動きがあるんです。自衛隊を誘致すれば地域活性化に向けた経済効果があるとか、与那国島の自衛隊誘致も同じなんですけど、そこを平和的に活用するために、国連の緊急センターをつくった方がはるかに貢献度は高いのではないかと思っています。

糸数　岡留さんに一言申し上げたいと思います。今、ひめゆりの先生方の話をされましたが、資料館の正面に、戦争前の日本の教育についての文言があります。いわゆる国策によって行われた教育が戦場へ向かわせた、つまり軍国少女をつくった。それは彼女たちが手を挙げてつくったわけではなくて、国の教育によって、そういう方向に向かわされた。でも、そのことを戦争が終わってから反省し、教育がいかに大事であるかということを、これからの若い人たちに伝えたいと、自らの行ったことに対する反省を踏まえてひめゆり平和祈念資料館というのができています。ですから時代に翻弄されて、国策の中でああいう行為をしたけれども、普通の女子高校生に戻ってみると、私は青春時代にやりたいことがいっぱいあったのにそれができなかった。戦争に巻き込まれたということをちゃんと証言しています。そのために戦後は、再び子どもたちを戦場に送りたくないというメッセージを資料館の方に書いてあります。

それから今日は、緒方先生をはじめ、パネリストの先生方にたいへん感謝したいと思います。こういう催しがなければ、立ち止まって平和のことを考えるということをまずいたしません。みんな忙しいですから、それぞれの忙しさに紛れて、何時間もこんな真剣に話すこともしないですよね。元々私が体験してきたことを語るのと同時に、では何をしていくかということを、みんなで共有することができたのではないかと思います。
最後に、微力とは無力とは違う、そのことを私もしっかりと信念とし、これから先も生きていきたいと思っています。今日はほんとにありがとうございました。

佐渡　ありがとうございます。随分と語りたいことはたくさん残っていて、まとめるのにたいへん苦労をしています。今日の半日のプログラムを通じて私の中に最後に残ったのは、いかに多くの人と意識を共有して力を生み出していくかなんだろうなと思いました。今日のパネリストの中の話で印象深いエピソードとして、やはり被害を語り、加害を語ってこなかったというところが私の中にたいへん強く残りました。このことで広島の被爆体験も、例えば東南アジアの国々には発信力をずいぶんと弱めてしまっています。だから加害について知るということも非常に重要だろうと思います。

さらには、実は戦争被害を受けた日本人というのは自分の郷土の歴史にはたいへん強い関心を持っても他のまちの被害に案外意識を払っていないところがあります。私は広島の被害については意識を払いますが、では沖縄戦のことについて十分知っているかというと、とても恥ずかしくてそんなことはイエスと言えないんですね。同じように、では大阪大空襲のことを知っているか、東京大空襲のことを知っているかといえば、私はほぼ何も知らないといっても過言ではないです。

このように私は、広島のことは語れても東京、大阪の被害を語れないとすると、大阪や東京の人ともしかすると心を一つにして、被害、加害について将来に向けてアイディアを練っていくという体勢になっていないのではないかという反省も今日抱いたところです。おそらくは情報を共有し、傷みを共有するということが力を生むのであれば、加害と被害、両方を私たちは意識しなければいけないですし、自分の被害だけではなくて、自分の加害だけではなくて、他の地域の加害と被害、ともに意識を払うべきだと思います。

最後に一点、実は加害の歴史というのは、意識をしなければいけないけれども、加害にも私は傷みが伴うのではないか、加害者の傷みということを語ることで、被害者と加害者が何かを共有することができるのではないか、この点は一つ疑問に思ったことなので、今後の考えたい課題の一つに加えていきたいと思います。今日は大変貴重な時間でした。いっぱいいっぱい考えたいことも手に入れたので、実に前向きな気分で沖縄を明日旅立てると思います。ありがとうございます。

野中　僕も佐渡さんと一緒で、いろいろ語りたいことがあるんですが、語りたい人は夜、議論しましょう。よく学生たちからイラク戦争とかアフガニスタンの戦争も遠い話で、自分たちの実感をもって語れないということを聞きます。でもね、イラク戦争で起きていること、パレスチナで起きていることと、日本の社会で起きていることは、根っ子で明らかに繋がっている。

僕は先月、学生たちを連れて東京の多摩川の土手に行ったんです。何しに行ったかというと、ホームレスの人たちと話をしに行ったんです。多摩川の河川敷には九百人のホームレスの人たちがいるわけです。昨日、那覇のホテルの近くにホームレスのおばあさんがいましたが、東京だとホームレスの人たちが道路に寝ていても、われわれは既に人間として見てないんです。

「物」なんです。風景の一部なんですね。

僕の友達の大学の先生が、彼女は以前大分県の大学で教えていて、娘さんが二人います。東京の蒲田に帰ってきたときに、蒲田の駅の近くにホームレスの人が路上で寝ていた。その時、彼女の小学校四年生の娘さんがじっと立ち止まって、ホームレスの人を見て、こう言ったそうなんです。「お母さん、この人助けなくていいの」。たぶん初めてホームレスの人を見たと思うんですけれども、路上に人が寝ているということは異常なことなんですよね。でもわれわれ、僕も含めて、ホームレスは風景の一部なんです。ホームレスの人たちに会いにいくと、ホームレスの人たちは自己責任というのを結構言うんですね。「俺がもうちょっと頑張ればこんなとこには来なかった」というわけです。周りもそう言う。「あなたが頑張らなかったんだから」と。この競争社会の中、誰かは切り捨てられるんです。その人が頑張って、その人が仮にホームレスじゃなくなったとしても、また別の人がホームレスになる。そういう構造なんです。だからこの社会が生み出しているということを考えなければいけない。そういう人間を切り捨てる社会にわれわれは生きている。無批判にそれを受け入れている意識と、パレスチナ、イラクでたくさんの人が死んでいるということに対して、他人事と突き放してしまう意識はつながっている。イラク戦争の犠牲者映像を昨日学生に見せたら、初めて見ましたという学生が多かったけど、実はメディアでも結構流しているんです。でもね、自分にとって関心のないものはないものと同じなんです。見ていてもそれは見てないんですよ。

人間を切り捨てるという社会の中でわれわれの意識がマヒしてしまう。戦争に対しても、われわれは真っ当に怒れないし、真っ当に反応しない。そういう意識は同一のものですね。知性というのは他人の言葉に耳を傾ける忍耐力だと僕は思うんです。今、その知性は失われつつある。ブッシュ大統領も９・11が起きた後すぐに、イスラムというのは反文明的な宗教であり、中世的で、野蛮な宗教だというわけです。善悪、二元論で世界を語った。それは間違っている。パレスチナの人たちがロケット砲を撃ち込む、イスラエルに反撃する。それ自体を正当化はしませんが、パレスチナの人たちは自分たちに押し付けられた不条理を何とかしてほしい、と訴えてきたのに、世界が耳を傾けてこなかったということに対する苛立ちのひとつが、武器をとるという最後の手段をとらせていることにつながっている。ですからまず、耳を傾ける。人の意見に話を耳を傾けてみて考える。そういう態度を若い人たちは特に養っていってもらえたらなと思います。

緒方　ありがとうございました。もう、六時になろうとしてますので、これで終わります。広島修道大学の皆さん、ありがとうございました。ゲストの皆さんに拍手をお願いします（拍手）。

特別寄稿

平和会計学を創ろう

戦争を支える経済から平和を生み出す経済へ

大熊　忠之

沖縄と広島（および長崎）をつなぐものは、これらの土地が第二次世界大戦の最後の戦場となり、それが住民の厳しい生活苦の原因となったという共通の戦災経験にある。戦勝国の米国は、この最終戦で核兵器の力と沖縄の軍事拠点を獲得した。戦後の日米同盟は、米国の対日占領という対等とはいえない関係のなかから生まれたが、それが日本の経済的繁栄と民主化および安全をもたらしたといわれてきた。しかしこの同盟は、日本国民の一部に高いコストを強いるものであった。日本は同盟国の義務として米国の軍事戦略の一翼を担うことになったが、その負担はとりわけ沖縄に集中した。沖縄県民は二十七年に及ぶ米国軍政の統治下におかれ、その後も基地の存続により経済発展の可能性を制約されただけでなく、日常生活の安全など市民生活にもさまざまな困難がつきまとった。他方広島市民は、被爆による放射線障害の苦痛と核戦争の悪夢に悩み続けてきた。

この苦難の遠因は戦前の帝国日本政府による戦争政策にあるが、それが戦後長期化した原因は、冷戦という国際政治状況のもとで米国が西側同盟のリーダーという意識から、核保有を続けただけでなく、東アジアにおける通常兵力の維持のために沖縄の基地を放棄しなかったからである。沖縄の基地が米軍にとって不可欠な地政学的価値をもつことが朝鮮戦争で確認されて以来、ベトナム戦争、湾岸戦争、イラク戦争でも使用されつづけてきた。「沖縄戦は終わらない」理由は、冷戦の長期化にあったが、問題は米軍部が戦略策定において、沖縄基地の役割を住民生活との関係から詳細に検討せず、第二次大戦後の既成事実を現状維持することとしか考えなかった点にある。そして日本政府もまた問題点を具体的に解明して、改善策を米国側に要求・要請することを怠ってきた。

結局この問題に取り組んできたのは、もっぱら権力をもたない被害者の抗議行動や市民の平和運動であった。核廃絶の場合、最大のネックは核保有国の態度にあった。

広島の反核運動は、被爆者救済と核廃絶という二つの目的をもっていた。被爆者救済は、放射線障害の医療改善や被爆者の生活支援を求めるもので、これは広島・長崎の被爆者が地方自治体や政府に対するねばり強い交渉と裁判闘争という形で進めたものであった。しかし政府や司法が原爆の被害を正確に認識するようになるには、核兵器の非人道性が広く一般市民に理解される必要があった。それを促したのが核廃絶運動にほかならない。当初反核運動は反米感情と結びつきやすかったために支持者の数が限られていたが、被爆の実相が誰の目にも明らかになるにつれ、賛同者が次第に増えていった。核兵器の実戦使用は戦後にはなかったので、核被害は核実験現場の周辺住民や軍人に限られていたが、冷戦期には軍事機密として隠蔽されていた。冷戦後に被害の事実が明らかになり、広島市・県や国立大学が、核実験地の被爆者や原発事故被害者の救済に医療技術の協力を行うようになった。とはいえ核廃絶は、核保有国に戦略転換を迫るという国際政治のビッグテーマであるために、国際世論の喚起や国連総会、国際司法裁判所など国際機関への働きかけという、市民生活から遊離した活動にならざるを得なかった。

冷戦終結は、平和の配当を期待させるものであったが、米国が態度を変える契機とはならなかった。米国の保守派政権が軍事覇権に執着したからである。日本政府も、米国の核の傘に固執し核抑止論の迷路から抜け出せなかった*1。

沖縄の米軍基地の撤廃も核廃絶も、ともに米国の政治的意志に関わる問題である。米国の政治意志を変える可能性が低い時代が続いたために、反核運動も閉塞状況に突き当たってきた。二〇〇八年の米国の民主党政権誕生で、日本ではオバマ大統領への期待が高まっているが、平和の代償を負担する覚悟のない人々がどんなに叫んでも、戦争の一掃につながる成果が得られる可能性は低いと考えるべきであろう。

問題解決の目処が立たないのはなぜか。その疑問を解く一つの鍵は経済にある。米国国内のみならず国外においても米軍は、世界最大の兵器の消費者であるのだ。当然、米軍に兵器を売るメーカーや商社などの業者がいる。今日では米軍は、兵器だけでなく、コンピュータ、通信機器、テレビなど電気製品から、衣服、住宅、インスタント食品に至る兵士の衣食住に関わる消費財を含む民需品の巨大マーケットにもなっている。この巨大市場は米軍だけに限られない。冷戦後の世界では全世界の軍部がグローバル市場になったのである。そこに参入する企業もまたグローバル化している。市場原理主義は民需産業に広まっただけではなく、今や国家安全保障の分野にまで及んでいる。戦争請負会社が高収益をあげ、戦争の民営化も進んでいるのだ*2。この経済構造を変えない限り、戦争で利益を得る仕組みが持続することになる。

冷戦後に世界各地で武力紛争が多発したが、そのすべてが開発途上国や旧社会主義国における内戦である。とくに絶対的貧困にあえぐ人々が暮らす最貧国での内戦は、民衆の生活苦をさらに過酷なものにした。戦死者だけでなく負傷者や戦争による障害者が多数に及び、また大量の難民も発生した。それが先進国におけるテロ事件の背景になっている。先進国の政府や市民に対して、この果てしない暴力連鎖の責任を問う声をよく耳にする。戦争を被害者の視点からみるだけでなく、みずからが加害者の立場にいることの自覚が必要だとの主張も繰り返されている。しかし現在の経済システムのなかでは、戦争と平和の責任を誰かに特定できる状況は存在しない。判断が難しいのは、企業のビジネスにせよ、その社員の職務にせよ、その活動が戦争と平和とに同時に関わっているからである。しかもその関わりは企業経営者や技術者の意志とはまったく無関係なところで発生することもあるのだ。例えば、二十数年前ある日本の中小企業メーカーが、貿易統制令違反で捜査を受けた事件があった。そのメーカーはカップラーメンの具材をつくる真空乾燥装置を製造していたのだが、製品がどこかの途上国に輸出され、生物化学兵器の生産に使われた疑いがあるというのが捜査の理由だった。テレビニュースに出ていたこの企業の経営者は、報道陣の取材にまったく戸惑いを隠せなかった。大企業ともなれば事態はもっと複雑である。例えば日本にもたくさんの店がある米系ハンバーガーチェーンは、イラク派遣米軍にも商品を売っているという。この企業の日本人店員や消費者が、戦争の加害者かといえるかどうかきわめて判りにくい。

誰もが被害者であると同時に加害者であるかもしれないという状況は、環境問題とも似ている。環境問題の深刻さが理解されるようになったので、最近ではあらゆる企業がグリーンとかエコに取り組んでいることを、ことさら強調するようになった。しかし個別企業が何万本の植樹をしたとかゴミを減らしたとか、取り組んだ活動をＰＲしていても、その企業が環境改善にどれだけ貢献したのか判断できない。社会貢献をアピールするＣＭは、せいぜい免罪符を買ったという領収書の意味しかもたない。

環境問題で今、環境会計という手法が注目されている。ある企業がどれだけ環境悪化をもたらし、また環境改善にどれだけの活動を行ったのかを、財務諸表の損益計算書のような形で把握しようというのである。これは技術的にもかなり進歩してきただけでなく、企業のなかにも自社の環境会計を作成し、公表するところが出てきた。国際的経済団体に環境会計を大企業の義務として行わせようという動きもある。

このような手法が平和についても応用できないだろうか。ある企業が戦争でどれだけ利益をあげ、平和のためにどれだけ支出したか、その収支を明らかにすることができれば、平和のために何が必要かが分かるだろう。環境会計の場合も、初めは市民団体が、企業の収支報告や政府や国連などの統計をもとに推計値を出していく運動からはじまったという。平和についてもまずは市民の手で、平和会計の簡単な方式を創ることはできるだろう。これにはどうしても会計専門家の知識が必要である。計算方式ができれば、それにもとづく公開データの収集とパソコン入力などは市民のボランティアが対応できる。こうした運動により、企業別の平和収支報告が積み重なれば、世界経済全体の平和・戦争の収支バランスが明らかになるはずである。戦争を支える経済から平和を生み出す経済に転換させるために、平和会計学を創ることには十分な意義があろう。それは米軍基地撤廃や核廃絶へのつぎの一歩となるはずだ。

＊1　とくに最近の日本政府は、北朝鮮の核開発に対して米国の核抑止力が日本の安全保障に不可欠であると説明してきた。しかし北朝鮮の核開発は米国の核抑止に効果がなかったために発生したのである。
冷戦期に米国とソ連は核の先制奇襲攻撃を牽制するため第二撃能力を拡大した。いわば核の二の矢であるが、主に潜水艦発射ミサイル（ＳＬＢＭ）で、これが相手の人口の五分の一から四分の一、工業力の二分の一を確実に破壊できるだけの能力をもつことが追求された。米ソとも、相手に国家再生が不可能な損失を与える第二撃能力をもつと、お互いに手出しできない状態となると信じていた。相互確証破壊（ＭＡＤ）の態勢がある限り相手は攻撃できないという信念は、核兵器をもたない同盟国への核攻撃をも阻止するとの論理的拡張が行われた。この信念

が核抑止の本質である。しかしMAD体制は、これを信じようとしない国の核開発を抑止できなかった。毛沢東はかつて米国の核は「張り子の虎」だと述べて中国の核武装を実現したが、核保有に安心感を求める国に対して米国の核の傘は効力をもたない。核のコストが軍事費を圧迫し、内戦国家の平和構築やテロ対策などに手が回らなくなっているにもかかわらず、核兵器に頼らない安全保障戦略を構想する努力を、先進国の誰もが怠ってきた。

＊2 戦争で利益を得ようとする死の商人の存在は古くから知られていた。一九六〇年代に現代版死の商人が、大企業と政府・軍部の一体化した軍産複合体という形で産業システムに組み込まれていることが認識されるようになった。冷戦後、開発途上国の兵員訓練を行う事業が、先進国のビジネスとして誕生し、規制緩和と民営化のもとで戦闘地域での施設警備や軍事物資輸送などの分野に民間企業が進出した。イラク戦争では米小売業最大手のウォールマートが、輸送と消費財販売で多額の利益を得たという。また経済学は戦争を経済活動として分析してこなかったが、最近やっと戦争を経済分析の対象とする本が出版された。以下を参照のこと。

本山美彦『民営化される戦争』ナカニシヤ出版、二〇〇四年。

P・W・シンガー、山崎淳訳『戦争請負会社』日本放送出版協会、二〇〇四年。

ポール・ポースト、山形浩生訳『戦争の経済学』バジリコ株式会社、二〇〇七年。

（広島修道大学名誉教授）

第2部

広島・長崎・沖縄　共通の記憶継承

沖縄大学土曜教養講座
二〇一〇年八月七日

緒方　修（沖縄大学）　皆さまこんにちは。本日の第四六二回土曜教養講座「沖縄戦は終わらない」も四年目に入ります。今回は、広島修道大学と長崎大学との三元中継で開催致します。まず、広島会場を呼び出してみましょう。

落合　功（広島修道大学）　広島修道大学学術交流センターの落合と申します。よろしくお願いします。昨年度から、沖縄大学土曜講座に参加させていただくことになりました。今年度は市民の方も、長崎大学も参加して三元中継ということになります。きのうは八月六日だということもあり、広島、長崎、そして沖縄で平和の問題について考えていければと思います。

この講座については、廣光清次郎先生の遠距離教育の成果、平和学の先生であります佐渡紀子先生の平和学の成果などを生かして、できることになりました。このような形で沖縄大学、長崎大学、そして本学との連携によって、さらに発展していけばと思います。それでは平和学の佐渡先生にバトンを移したいと思います。

佐渡紀子（広島修道大学）　広島会場の皆さま、暑い中、ようこそお越しくださいました。長崎会場、沖縄会場の皆さん、きょうは半日よろしくお願いします。広島修道大学の佐渡紀子です。

戦争という課題は、沖縄、広島、長崎の共通の非常に重要な課題と思っています。しかし、なかなか距離的にも離れていますから、自分たちが普段何を考えているか、何を知りたいと思っているか、直接語り合うのが大変難しいです。しかし、技術というのはとても素晴らしくてはるばる飛行機に乗らなくても、お互いの考えやお互いの経験を共有できる時代になったんだと、大変うれしく思っています。

きょうはフロアに居る市民や、わたしの学生たちも、沖縄や長崎の方の経験をぜひ聞きたい、二つの都市の方々からの質問やご意見も、広島のメンバーはぜひ聞きたいと思っています。ぜひ意見交換の時間を積極的に利用して、より深い交流ができればと思っております。

緒方　広島のきのうの模様をちょっとお伝え頂けますか。アメリカ大使からもいろいろメッセージがあったようですが。

佐渡　昨日の八月六日の平和記念式典には、外国からも多くの報道関係者が取材に来ていたようです。特にアメリカのルース大使が参列したことから、関心が高まったのだと思います。米国大使が参列したことを核廃絶にむけて気運が高まったことの証拠ととらえる評価が、広島であるのは確かです。他方で、少しわたしはシニカルに見ていて、大使の参列をもろ手を挙げて評価することは出来ないでいます。オバマ大統領のプラハ演説は、核抑止を否定するものではありませんでしたし、大使が参列して、具体的なメッセージを発することも予定されていないからです。大使の参列についての長崎の反応も、ぜひお聞きしたいところです。

緒方　続いて、長崎大学平和・多文化センター所長、舟越先生、よろしくお願いします。

舟越耿一（**長崎大学**）　よろしくお願いします。もう一人のスタッフ、全炳徳《チョンビョンドク》先生をご紹介します。

全炳徳（**長崎大学**）　長崎の原爆の写真を基にして、また被爆の写真を基にして「爆心地の再現」を行っております。後ほどまたご紹介させていただきます。

ナガサキ　消えたもう一つの「原爆ドーム」

高瀬　毅

緒方　それでは、ジャーナリストの高瀬毅さんをご紹介します。

高瀬　毅（ジャーナリスト）　こんにちは。高瀬でございます。実はわたし、きのうまで長崎におりまして、夜に沖縄に入りました。こちらに来て驚いたのは、長崎の方が暑くて、沖縄の方が過ごしやすいことです。きのうの夜、ちょっと国際通りを歩いたんですが、快適でした。

さて、きのう八月六日は広島の原爆の日、あさって九日が長崎ということで、その関係の取材等があり、今週はじめから長崎に来ておりました。パン・ギムン国連事務総長が五日に長崎市松山町の原爆落下中心碑に献花いたしました。長崎では朝鮮人被爆者の方がたくさん亡くなられています。きのうは広島へ行かれたということでした。

長崎は八月九日が原爆の日なのに、なぜ五日に長崎に行ったのか。ここにちょっとわたし、こだわるところがあります。要するに、効率よく被爆地を尋ねて回るには、広島の原爆の日の前に長崎に入る必要がある。広島の翌日でも良かったのかもしれませんが、やはりピークは六日の広島の原爆の日に合わせて、前の日に長崎に入るということにしたのだと思います。

なんでこんな話をするかというと、長崎は常に広島に準ずる被爆都市というような位置づけをされているからです。長崎の学者の中には、長崎のことを劣等被爆都市と表現する方もいらっしゃいます。劣等というのは劣等生の劣等です。

広島は、最初の被爆都市であり、長崎は二発目を落とされた町です。どうしても印象は広島が強く、何かというと広島という名前が出てきます。もちろん長崎の名前も出てくるんですが、広島に次ぐ被爆都市という宿命から逃れられない状況がずっと続いてきました。

わたしは二〇〇八年にピースボートという船に乗って、講師をしたことがあります。南アフリカ共和国に行き、その北隣のナミビアの市長に平和市長会議に賛同のサインを頂くということでしたが、それに同行して取材させてもらいました。そのときに、二人の市長とお会いしました。インタビューを許されたので、長崎という都市のことは知っていますかと聞きました。一人は知っていると言いましたが、もう一人の市長は長崎のことは知らないということでした。広島はもちろん知っていました。長崎も同じ被爆都市でありながら、どうしてこんなに広島と知名度や認識の度合いが違うのだろうか。かねがね疑問を感じていたわけですが、とても残念な思いがしました。

いろいろな理由があると思いますが、広島には原爆ドームがあります。原爆ドームを見た瞬間に被爆や核兵器、そして反核ということを、世界中の人が一瞬のうちにして頭の中に思い起こすことができるわけです。

ところが長崎といったときに、一体何が出てくるか。去年、広島と長崎がオリンピックの候補地として立候補することを表明しました。それを伝えるニュースは、テレビの大きな画面を二つに分けていました。右側には広島の原爆ドーム、左側には長崎の平和祈念像という筋骨隆々たる男性像が出てくるわけです。

あれを見たときに、被爆都市長崎を象徴するモニュメントとしてふさわしいのか、非常に疑問を感じたんですね。原爆ドームの前に立てば、多くの方がそこで頭を垂れ、祈りをささげるだろうと思います。しかし、長崎の平和公園の、あの平和祈念像前で頭を垂れてる人はほとんどいません。見るのは、観光客が記念写真を撮っている姿ばかりです。

一九四五年八月九日に原子爆弾が落とされて、その年の末、昭和二十年の末までに七万四千人の方が亡くなられた。そういう大変な大事件の現場なんだということが、あの平和祈念像の前ではあまり感じとれないだろうと思います。

長崎には、ほかにもいろいろ原爆の遺構といわれるようなものがあります。片足鳥居や、浦上地区の高校に壊れた校舎の一部が残っていたりしますが、これという象徴的なものがないんですね。

しかし長崎にも、実は原爆ドームに匹敵するようなモニュメントがかつてあったのです。それが、ある時期に取り壊されてしまった。それは浦上天主堂といわれる教会です。

長崎に行かれた方もいらっしゃると思いますが、原爆が投下された浦上に行けば、今はきれいなレンガ造りの浦上天主堂が建っています。実はあれは戦後十四年たってから再建されたものです。あの中に入っても被爆のことはよく分からないと思います。しかしあの場所には原爆で破壊された天主堂の廃墟が残っていました。正面玄関の一部と、側面の壁です。かなり大きなものでした。広島の原爆ドームは近くで見るとそれほど大きくないですが、浦上天主堂の廃墟が残っていれば、おそらく何事かを感じることができるだろうと思います。

四年ぐらい前に、破壊された天主堂の写真をまとめて見る機会がありました。わたしは長崎の出身なんですが、それまでそういうまとまった写真は見たことがなかったんですね。それらの写真がきっかけで取材が始まったんですが。その一部を見ていただきながら、被爆のモニュメント、遺構の意味や役割について考えてもらいたいと思います。これらの写真は、当時毎日新聞のカメラマンだった高原至さんが撮られた写真なんです。高原さんはその後、写真館や映像制作の会社を創設し、今もご存命です。

浦上天主堂の建築・被爆・破壊

まず、原爆で被爆する前、最初に造られたときの浦上天主堂です（写真１）。これは一八九五年に建造、着工し、三十年間かけて造られました。大正十四年（一九二五年）に完成しています。ちっちゃなレンガをずっと積み上げていって、もちろんプロの方が携ってはいらっしゃいますが、信者の方々がこのレンガを運んだりしながら造っていったわけです。

実は、この浦上天主堂の建っている場所というのは、隠れキリシタンの弾圧が行われた土地です。長崎の中でも虐げられていたところです。踏み絵というのがありますよね。キリシタンをあぶり出すために、マリア様の像を踏ませるものですが、この踏み絵、正しくは絵踏みをやっていたのは庄屋さんの家なんだそうです。その庄屋さんが、明治になって禁教令が解けた後没落していくわけです。その没落した土地の跡に、キリスト教の信者さんたちが、自分たちの手で三十年かけて教会を建てたわけです。外見も非常に荘厳で、立派な天主堂でした。

これが一九四五年八月九日、十一時二分に爆発した原子爆弾で一気に瓦解しました（写真2）。被爆から、どれぐらい時間が経っているか分かりませんが、おそらくこの感じからいくと、その年のうちに撮ったであろうと思われます。右側に見えるのが正面の壁です。入り口にあたります。最初の写真を思い出していただくと、かなりはっきりと残っているのが分かると思います。それから左側の方が側面ということになります。今の天主堂は右の方から坂道を上っていくようになっていて、写真と同じ小高い丘の上に建っています。丘の高さは十メートルぐらいあります。浦上の中でもちょっと目立つ所です。周りが一気に何もなくなってしまったところに、この天主堂の廃墟が残されているのを想像してみてください。

これも終戦直後の写真です（写真3）。日本とは思えない、どこか外国の村の破壊された教会のように見えます。どうでしょうか。原爆ドームとはまた違った、いろんなことを感じさせる廃墟、遺跡のように思えないでしょうか。

これは側面のところの壁だと思います（写真4）。手前にいろいろながれきがありますので、これも被爆からさほど時間が経っていない頃の様子です。

2 原爆投下直後の浦上天主堂

1 被爆前の浦上天主堂

3 終戦直後の浦上天主堂

4 浦上天主堂正面の壁

これはマリア様の像です（写真5・6）。ちょうど鼻のところが少し焦げたりしています。体のあちこちが黒ずんでいます。こういう石像は、壁に沿って何十体も置かれていたわけです。ちょうど右目のところがケロイドのような感じになっていて、とても痛ましい。石像ではありますが、ただの石像とは思えないような写真です。

何度見ても痛ましい。左の前頭部から左目のところまでえぐられています（写真7）。鼻筋がすっきりとして、口元が可憐な感じの石像です。あの日、長崎で起きた惨状を体現しているように思います。こういう傷を負った方もおそらくいたに違いないと思います。これ見ているだけで、胸が詰まってきます。いろいろなことを感じさせられる石像がたくさん残っていたわけです。

これは、昭和二十四年のザビエル祭を撮影した写真です（写真8）。フランシスコ・ザビエルの渡来四百年を祝う行事です。たくさんの信者が集まっています。左側の方に学校の校舎みたいのがありますが、あれは仮の聖堂で、あそこでミサをやっていたということです。このときも、天主堂の遺壁はしっかりと残っています。周辺の人間の大きさと比べてみてください。おそらく原爆ドームと同じか、あるいは大きいかもしれません。非常に存在感のある壁が残っていたということです。

非常にいい写真です。ちょっと見上げるような写真ですが、この壁の大きさがよく分かると思います。この壁の一部は、今は原爆落下中心地の碑の横十メートルぐらいのところに移されています。行かれる機会がありましたら、壁に触っていただきたいと思います。ほんとにしっ

5･6 焼け焦げたマリア像

7 顔をえぐられた石像

8 ザビエル渡来400年を祝うザビエル祭（昭和24年）

かりしています。一枚一枚小さなレンガを積み合わせ、三十年かけた、そしてその前二百六十年間徳川幕府の弾圧に耐え続けた信者の人たちの想いみたいなものが、積み上げたレンガの中に残っているんだという感じがします。もう一度説明しますが、人間の大きさと壁の大きさの対比が一つのポイントだろうと思います。非常に大きい。向こう側には復興していこうとする長崎の風景、山が写っています。遠景も含めて、この遺壁がかもし出す雰囲気というのが一つの大きなポイントだろうと思います。

これも同じザビエル祭のときの写真です（写真9）。下から少し仰ぎ見た感じに写っています。ただ、これは教会の廃墟であることが、間違いなく見て取れる絵だと思います。

次は、かなり復興しつつある昭和二十年代後半であろうと思われます（写真10）。だいぶ周りの残骸も片づけられ、子どもたちが遊び場にしていたようですね。わたしはまだ生まれておりませんので分かりませんが、ここでも、あの壁がしっかりと建っているのが印象的です。廃墟というのは醜いものであるとか、見たくない、目をそむけたいというような印象をついつい持ってしまいがちですが。浦上の人たちの中では、生活の中に溶け込んでいるような、そういうことを示唆する写真だと思います。

子どもたちが縄跳びをしていますね（写真11）。子どもたちはほんとにたくましい。原爆を落とされた後、七十年間は草木も生えないといわれていたわけですが、そんなことはなくて、どんどん復興していく。その中で子どもたちはこうやって遺壁の前で遊んでいる。生命力を感じさせる写真です。

９　ザビエル祭(昭和24年)

11 子どもたちの遊び場に

10 昭和20年代後半の浦上天主堂

これもそうですね（写真12）。幼稚園児かと思われます。先ほどの、悲しみのマリア像が右手に見えます。少し仰ぎ見たような、そして顔にケロイドのようなあざがある像の前で、子どもたちが手をつなぎ合って遊んでいます。教会の壁の痛ましさと、この世に生を受けた子どもたちの成長していくたくましさ。この対比がおもしろく、なかなかコントラストがあります。

仮聖堂で結婚式が行われたと、高原さんからお聞きしました（写真13）。日本髪で壁の前を歩いています。隣の方は仲人さんだそうです。高原さんのこれらの写真を集めた写真展が二〇〇九年に長崎で開かれ、この花嫁さんがそれをご覧になって名乗り出てきたということでした。

この一連の写真は、昨年長崎で大量に発見されました。高原さんが、ずっとお持ちになっていました。地元の大学教授が、長崎の古い写真を探していて、いろんな方にコンタクトを取る中で、被爆後の浦上天主堂の写真があることが分かったのです。

これは少し高いところから写した写真です（写真14）。壁にちょっと寄ってる感じがありますが、原爆のすさまじい破壊力の中で、よくぞこれが残ったものだと思います。

長崎型の原子爆弾というのは、一トン爆弾二万二千発分の破壊力があったといわれています。そういわれても実感としては全然分かりませんが、一トン爆弾というのはかなり大きな爆弾です。それが瞬時に二万二千発が爆発した分の破壊力ということですから、想像を絶しています。それでも、天主堂の壁は、その破壊力にも持ちこたえたわけです。爆風が来た方向とか、いろいろな偶然も作用したのだと思いますが、しっかりと残っています。

これは少し正面の方から向こう側の壁も併せて撮った写真です（写真15）。これがいま残っ

12 悲しみのマリア像の前で遊ぶ子どもたち

13 結婚式も行われた

14 高いところからみた天主堂

15正面から見た壁

ていたとしても、おそらくしっかりしているだろうと思われます。

浦上天主堂の壁は昭和三十三年に取り壊しの作業が行われました。一番高いところに、とび職の男性が乗ってロープをかけています(写真16)。こうやってハンマーを打ち下ろして、レンガを崩していく(写真17)。壁が頑丈で作業は相当大変だったと、当時の地元の新聞が伝えています。これはワイヤーロープをかけて壁の一部を壊していく場面です(写真18～21)。壁が倒れていくさまが見事にとらえられています。このときは、一部の協会関係者以外ほとんど誰も現場に立ち合っていなかったということです。

立ち会ったのは、当時の司教であった山口愛次郎という、浦上教会のトップと一部の人たちです。そこに高原さんが行って撮影し、この写真が残ったわけです。非常に貴重な写真なんです。こういう写真はこれ以外には今のところ出てきておりません。

こうやって壁を崩したが最後、被爆の遺構は二度と戻ってきません。それを考えると、土煙を上げながら破壊されていくこの写真は、何度見ても怒りと無念さがこみ上げてきます。何というこことをしたんだろうと思わざるを得ません。

首が取れている石像がありますね(写真22・23)。これも救いようのない人間のことを考えてしまうわけです。ただの石像ではない感じがしてきます。こういうふうに壁のところに置いてあった、石像も無造作に倒されてきました。

原爆遺構を破壊していく。とびの方は仕事ですから取り壊すのは当たり前なのですが、改めてこうして見てると、ほんとに無残です。ああ、こうやって大事なものが破壊されていくのだ

17

16

19

18

浦上天主堂の壁の取り壊し作業（昭和33年）

20

21

23・22 首が取れた石像

という気持ちにさせられてしまいます。

これはキリストの首がありませんね（写真24）。もう一枚は、首に荒縄をかけられたマリア像です（写真25）。ほんとに、どう説明したらいいか、言葉が見つかりません。

最後の写真になりますが、そうやって撤去された浦上天主堂が、再び同じ丘の上に再建されました（写真26）。写真のちょうど真ん中のところに写っていますね。二つの塔が建っている天主堂です。その右手が、それまで使っていた仮聖堂です。この写真は空撮です。

「歴史の証人」抹殺の謎

新しい天主堂が再建されたのは昭和三十三年から三十四年にかけてのことです。周辺の、浦上の町の風景を見ますと、ほとんど平屋建てがやっと建っているような状態です。ビルなどはほとんどありません。こういうふうにして復興していったわけです。この時から廃墟の姿は見ることはできなくなりました。

なぜこういう「被爆の証人」が失われてしまったのか。今回、二十六枚の写真を見ていただきましたが、何としても残っていてほしかったと思わざるを得ないわけです。写真で見てもこれだけのインパクトがあります。これが長崎に残っていたならば、おそらく広島の原爆ドームを見たときに感じるものとはまた違う感慨がわいてくるだろうと思います。

長崎は国際都市でもあります。いろいろな政治家の方も外国の観光客の方もいらっしゃいます。大きな世界クルーズの船もよく長崎港に入ります。当然そういう船からも観光客がやって

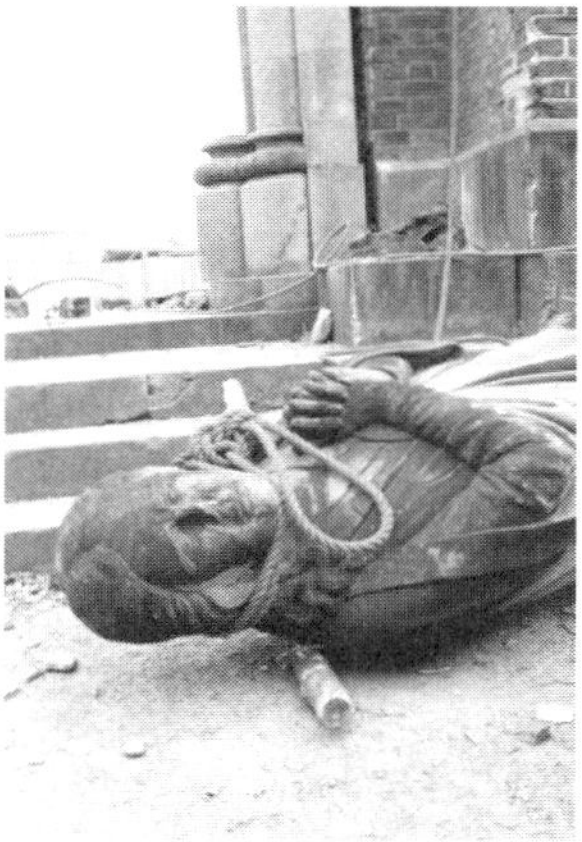

25 マリア像

24 首が取れたキリスト像

26 再建された
浦上天主堂

来るでしょう。キリスト教圏、あるいはイスラム圏でもいいんですけど、とにかく日本人よりもっと神というものを強く信じている人たちにとって、この教会の破壊の跡というのは、ものすごいインパクトを与えたに違いないと思うわけです。

では、なぜ壊されてしまったのか。アウトラインだけ申し上げます。

長崎市長の諮問機関として原爆資料保存委員会というのがありました。戦争の記憶を将来にちゃんと継承していこうではないか。そのために、浦上天主堂の遺壁もしっかりと残そうではないかということで、長崎市長に九年間にわたって保存すべしという答申を続けていました。

この問題には、いろいろな人がかかわりましたが、一番決定的にかかわったのが、田川務という市長でした。田川市長も、当初は天主堂の遺壁は保存すべしという考えで進んでいました。教会ともいろいろ話をしていたのです。そして、この遺壁をしっかりと保存するための補強工事をしたいと、長崎県の有名な技師に設計図を依頼し、その設計図も上がってきました。それについて市長も非常に喜んでいた、ということは分かっております。

ところが昭和三十年に一つの出来事が起こります。それは、アメリカから突然舞い込んできた、長崎とアメリカ都市との姉妹都市提携の話でした。今では当たり前のように姉妹都市提携を結んで民間交流が行われていますが、海外との姉妹都市提携の第一号は、実は長崎なのです。長崎とアメリカのセントポールという、カトリックの総本山の都市との姉妹都市提携の話が持ち込まれました。

長崎はそんな話は全く思いもつかなかったわけですが、恋愛に例えれば、向こうが一方的にプロポーズをしてきたようなものでした。何度も何度も手紙をよこし、そして使者も寄こすというような形で、いわば押しの一手できたわけです。それじゃあ提携をしようかということになり、一九五五年十月二十四日の国連デーに長崎市長がセントポールに行って調印するというところまで話は進みます。

ところが、どういうわけか、その年は長崎市長はセントポールには行きませんでした。あと調べてみたら、当時日本には外貨、つまりドルが少なかったわけですね。外貨の量が少なかったために、多額の費用がかかる渡航に許可が出なかったようだ、ということがアメリカの資料から分かりました。国が許可しなかったわけです。

それに対して、アメリカの国務省サイドが動きました。なんとか田川市長をアメリカに招きたい。そのため日本政府に働きかけてくれないかと、当時の駐日アメリカ大使に対して国務省サイドから話があった、という辺りまでは分かりました。

ともかく、長崎市長は翌年アメリカに渡ります。姉妹都市提携だけならば、まあ一週間もあれば、セントポールに行って調印をして帰ってこられるわけです。しかしどういうわけか、市長は一ヵ月間アメリカを回っています。セントポールからシカゴに行き、それからニューヨーク、ワシントン、ニューオーリンズ、ロサンゼルス、サンフランシスコ、そして最後にハワイと。長崎を出て長崎に帰ってくるまで四十日近く首長が不在になりました。なかなかあり得ないのではないかというようなぐらいの、長期にわたる渡米をするわけです。

帰国後、市長の考えが変わっていきます。保存の立場から撤去へと変わります。もうこういうものはいらないんだ、と言い始めたのです。これが市議会で問題になります。ある市議会議員が再三、この問題を追及しました。しかし市長は、「こういうものが平和に寄与するとは思えない」と答弁します。

そのときのやりとりについて書かれた議事録がありますので、ちょっと紹介したいと思います。市長はこんなふうに答えています。

「原爆の悲惨を物語る資料としては、適切にあらずと。平和を守るために存置する必要はないと。これがわたしの考え方でございます。壁が取り壊されてもやむを得ないだろうというふうに存じております。ああいったものは取り払った方が、永遠の平和を守る意味ではないかと。そういう考えを持ってる方も数多くあるのではないか、というふうに思うのであります」

「今や原爆の問題につきましては、核兵器を持ってるソ連、アメリカ、イギリスなどは、まあこれは漸次ということでしょうけども、いろいろ発表いたしておりますとおり、これなくして平和は守れないんだという言い分なので、われわれ原爆の悲惨を体験いたしておりますす、身近に感じておるものとしては、それがあるために平和が守れないんだと、こういうふうに世界全体がこの問題に対して二分した立場になっておる。世界は核というものを絶対なくそうというように考えてる人もいるけれども、ソ連やアメリカはそうではない」

「将来といえども、多額の市費を投じてこれを残すという考えを持っておりません。今日

原爆が何者であるのかという、ただの一点のあの残骸をもって証明すべきものではなく、
「そんなちっぽけなものではないと、わたしはこう考えている」
出島であるとかオランダ坂であるとか、グラバー園であるとか、最近は竜馬の道というのも長崎にはあるわけです。では、そういうものは、歴史を考えさせるものにはならないのか、というようなことを考えざるを得ないわけですが、当時、この問題を追及した市議会議員もそう追及しています。たとえば出島は当時全部を復元しているわけではなかったが、歴史を語るものではないのか、というようなことを問いただしています。しかし市長はそれにはしっかりと答えず、議論は平行線に終わってしまいました。

アメリカに行く前に、保存すべしということでわざわざ県の技師に補強工事の設計図まで作らせていた人が言うこととはとても思えない答弁を市議会でやったのです。

もう一つ動きがありました。教会というのは、長崎市のものではありません。浦上の教区のものです。広くいえば、浦上の信者のものなわけです。だから、浦上の教会がどう考えるのかというのが、一つの大きなポイントになります。

山口愛次郎司教は、姉妹都市提携が持ち込まれた一九五五年、ちょうどその時期にアメリカに渡って、教会の再建資金を集めるために約十ヵ月間、アメリカとカナダを回っています。セントポールにも行っています。そのときセントポールの新聞に山口司教はこう答えています。

「長崎とセントポールが姉妹都市の関係を結んだことにより、再建プロジェクトを進め、残りの爆破の傷跡を消し去ることを望んでいる」

わたしは教会関係者にも取材をしましたが、浦上天主堂を再建するにあたって、天主堂の遺構を壊すことが条件だ、とする話がアメリカ側から提示されたようだということでした。何かの条件が出されて、それを教会側としても飲まざるを得なかったのか。

新しい教会を造りたい気持ちはよく分かります。二百六十年間の弾圧を耐え忍んだ。自分たちを苦しめた庄屋さんの土地の跡に自分たちで造った天主堂。それが壊された。もう一度そこに再建したい。その気持ちはとてもよく分かるんですが、これを被爆体験をのちの世まで継承する資料として見たとき、撤去されたのは非常に残念なことだったと言わざるを得ません。

別の土地がなかったわけではありません。この浦上天主堂の再建の跡地として候補に挙がっていたのが、今の平和公園です。さきほど言いました、筋骨隆々たるあの平和祈念像が建っている、あの場所に浦上天主堂を再建したらどうだという、代替地案まで出されていました。しかし、それは実現せずに、結局、遺壁を取り壊して新しい浦上天主堂が造られました。

この話の裏にはいろいろと動いている人たちがいるわけですけが、まあそれはちょっと細かく言いません。ただ、一九五五年というのは非常に重要な年でした。その前年、一九五四年三月一日に第五福竜丸事件というのが起きました。このあいだビキニ環礁が世界文化遺産に登録されましたが、五十六年前のビキニでの核実験で第五福竜丸が被爆したわけです。そのことによって、日本人が三度目の被爆をしました。それをきっかけに反核運動が盛り上がって、原水爆禁止世界大会にまで発展していくわけです。

当時、ソ連との核開発競争がすさまじく、核開発競争をそれ以上進めることに限界を感じていたアメリカのアイゼンハワー大統領が、原子力の平和利用政策というのを打ち出した時期でもあったわけです。

そういう核をめぐる問題が、非常に激しく動いていた時代、それが一九五五年でした。長崎の田川市長が渡米した時期、そして山口司教が再建資金を獲得するためにアメリカ・カナダを回っていった時期というのが一致してきます。

天主堂の遺構の撤去の裏にいったい何があったのか。もし田川市長が、あれは浦上司教区の財産ではあっても、もっと広い意味で、人類の歴史の証人、被爆のモニュメントなんだということで、しっかりと政治的な判断を下していれば、今も残っていた可能性があったのではないかと思います。

当時、田川市長を追及した、長崎市議会議員の岩口夏夫さんという方がいらっしゃいます。たまたまわたしの幼稚園時代の園長先生でした。その岩口さんが、天主堂の遺構は、キリスト教であるとかイスラム教であるとか、あるいは仏教であるとか、そういう宗教の違いを超えた二十世紀の十字架だと言いました。つまり、二度とこういうことをやってはいけないんだという二十世紀の十字架をあそこに立てなきゃいけない。それは浦上天主堂の廃墟以外にはない、というようなことを、臨時市議会でとうとうと述べたわけです。

非常に高邁な、素晴らしい演説だったと思います。しかし、田川市長は先ほどいったようなことを言って、残すことを拒否しました。田川市長というのは苦学生で、裁判所の給仕から這い上がっていった人です。そして弁護士でもありました。名市長といわれた人です。長崎でわたしも何人かの議員の方に当時の評判を聞きましたが、汚職は一切なかった。四期務めておりますから、かなりの市長だったわけです。

にもかかわらず、この浦上天主堂取り壊しに関する岩口議員の追及に対しては、小学生並みの反論しかできませんでした。何があったのか。そこが一番、ほんとに知りたいところです。アメリカのワシントンの国立公文書館やセントポールの図書館などに行って資料を探しました。いろいろな資料が出てきましたが、決定的なものは見つかりませんでした。

ただ、わたしがいろいろ調べていく中で、確信というか感触として持っているのは、この遺壁の取り壊しの裏には、セントポールとの姉妹都市提携から始まるある狙いが一本の線でつながっているのではないか、ということです。

もう時間ですからまとめますが、長崎がほんとに大事なものを失ってしまったことが悔やまれてなりません。きょうはこの会場に、エッセイストのゆたかはじめさんがおいでになっておられます。きょうの写真は高原さんという写真家が撮られた写真ですが。ゆたかさんのお父さまが、当時長崎地方裁判所の所長をされておりまして、その石田さんが、被爆直後のすごい写真をたくさん撮られております。残念ながら、今日はお見せすることができなかったのですが、わたしの本（『ナガサキ　消えたもう一つの「原爆ドーム」』平凡社、二〇〇九年）の表紙には、石田さんの写真の複写をお借りして使わせていただいております。

長崎はこういう形で少しずつ写真が出てきてるわけです。デジタル時代ですから、こういう形で世界へ発信していくことによって、長崎という都市が被爆をしたということを広く伝えることができます。また、その意味をどう考えるか、ということも問いかけることができると思います。

何度も言うようですが、ほんとにほんとに、大きな歴史の証人を失ってしまったという悔しさを、今こうやってお話しながらでも感じています。

戦後の長崎で何が継承されてこなかったか

舟越耿一
全炳徳
山川　剛

緒方　これから長崎の会場にお任せいたします。長崎大学平和・多文化センターの舟越先生、全先生、よろしくお願いいたします。

舟越　戦争体験、被爆体験を記憶し、継承していくことの大切さということで、私がもっとも気にかかるのは、何を記憶・継承するかということです。重要なはずなのに、いつの間にか誰も語らなくなっている事実というものがあるものです。私はまず、戦後長崎で何が記憶・継承されてこなかったかということから話したいと思います。

私たちが今いますす長崎大学文教キャンパスは、戦争中、三菱長崎兵器製作所大橋工場があったところです。この工場は世界一とか、東洋一とか言われる規模の魚雷工場でした。そしてここで製造された航空機魚雷が真珠湾攻撃に使われたというのです。『長崎原爆戦災誌』第一巻には次のようにあります。

「昭和一六年（一九四一）一二月八日、わが国はハワイ真珠湾を先制攻撃して、米英両国に宣戦を布告した。日中戦争はついに、太平洋戦争に発展した」（三六頁）

「太平洋戦争の真珠湾攻撃に使用した魚雷は、この三菱兵器製作所で制作したものといわれる」（三四頁）

この事実は、長崎の原爆被災に関わる第一級の事実です。端的に言えば、原爆攻撃を被る前に長崎は先制攻撃をしていたのです。そしていわばアメリカの報復攻撃で長崎は壊滅したのです。「戦争はここで造った魚雷で始まり、ここに投下された原爆で終わった」と表現する人もいます。こうも言えます。航空機魚雷による先制攻撃がなかったら原爆被爆はなかったかもしれないと。

ところが、長崎の三菱兵器製作所で制作した航空機魚雷が真珠湾攻撃に使われた、しかもそれは先制攻撃だったという事実は、いまやまったく語られないのです。つまり記録はあるのに、語り継がれていないので、いまや長崎でも知らない人が多いということなのです。そのことを語らない原爆被爆の話と先制攻撃に対する報復としての原爆という話とでは、原爆の受け止め方がまるで違ったものになることは言うまでもありません。

この視点は、伊藤明彦『原子野のヨブ記─かつて核戦争があった』（径書房、一九九三年）が、「八月六日・九日のむこう側」という言葉でこだわった視点でした。

少し視点を変えますが、真珠湾攻撃を被ったアメリカは「リメンバー・パールハーバー」を掲げ、それが日本への報復攻撃を正当化する言葉になりました。これに対して広島・長崎は

「ノーモア・ヒロシマ、ノーモア・ナガサキ」を掲げました。これは周知の事実です。ところがある大学人の集まりで、私の話に対する応答として、広島・長崎が「リメンバー・パールハーバー」を掲げ、アメリカが「ノーモア・ヒロシマ、ノーモア・ナガサキ」を掲げるべきではないのかと指摘された方がいました。残念ながら私はその方のお名前を伺う機会がなかったのですが、このご指摘は核心をついていました。

「記憶と継承」はただ事実を語り継げばいいということではないということ、事実とその意味の理解は別問題であるという場合が少なくないのであり、そこから何をどう継承して語っていくかは、まさに未来の形成に関わる価値的仕事なのだということが大事だと思います。

二〇〇一年の平和学の授業で、この文教キャンパスで被爆した福長春二さんに、二十人ほどの学生といっしょにキャンパスを歩きながらお話を伺ったことがあります。福長さんは十四歳のとき後片付けに動員されたのです。環境科学部と水産学部と薬学部が交わるあたりで、「この辺で死体を集めて焼いた。それは、原爆投下から約一ヵ月後だった。ウジがわき、臭くてたまらない死体を手で集めた」と語られました。皆絶句しました。日頃歩いているところでそんなことが！と、想像もできない証言でした。

ところが、こんな証言を予想させるようなものはキャンパスのどこにも何もないのです。福長さんの証言も私が書いた文章の中にしか出てきません。ここにも戦争の「記録・記憶・継承」の困難性・課題性を考えさせる機縁があります。

緒方　それでは山川先生、お願いします。

山川　剛（活水高校）　被爆遺構を案内したり被爆体験を話したりして「長崎を語り継ぐうえでの諸問題」に関心を持っている被爆者の一人です。

私は沖縄の過去や現在について少しは理解していると思っていましたが、本土の人間としての私の認識や感受性がいかに上滑りで甘いものであったかを思い知らされる経験をしました。それは今年（二〇一〇年）の六月二十三日付『沖縄タイムス』の社説によってでした。今年の名古屋場所というのは、大相撲の度重なる不祥事があって妙な意味で非常に盛り上がりましたが、そんなこともあったせいか〈名古屋場所と沖縄〉のことが目についたのです。『沖縄タイムス』の記事で私は信じがたい事実を教えられました。それは、一九四五年六月の、沖縄でのあの壮絶な地上戦で沖縄の人たちが生死の境をさまよっている、まさにその時に、東京の国技館では大相撲の夏場所が行われていたというのです。戦時の《沖縄と東京の目がくらみそうな深いギャップ》は、今も続いているのだと、社説は鋭い切り口で本土の人間に現実を突き付けたのです。本土と沖縄の人たちの感受性や認識の違いというのは、こういうことなのですね。

このことから思うのですが、沖縄と本土との目のくらむようなギャップは、広島・長崎という被爆地とそれ以外の場所との間にもあるのではないか、ということです。

先頃、ＮＨＫが被爆問題について世論調査をしました。そのなかで、「長崎への原爆投下の年月日」を問うのがありました。全国の平均で、長崎原爆の投下年月日を知っていた割合というのは、なんと23％なんですね。長崎市民だけのを取り出してみると64％ということでしたので、この被爆地の認識と非被爆地の認識にも、ものすごいギャップがあるといえるのではないでしょうか。

スティーブン・岡崎というアメリカの有名なドキュメンタリーの映像作家がいますが、彼の『ヒロシマナガサキ』(二〇〇七年制作)というフィルムが、全国に先駆けて長崎で試写会があったんですね。私もそこに参加していました。冒頭のシーンが、東京で、あの雑踏の中でマイクを向けられた若者たちが、「八月六日に何が起こったか分かりますか？」という問いかけに対して、「え？　なんだったっけ」、「分かんない」というのが、しばらくの間続いたんですね。試写会の後、当然のように質問が監督に向けられました。あのシーンは何か編集で手を加えたのですか、というものでした。岡崎さんは、心なしか少し寂しそうな表情に見えたんですが、「いえ、あれは編集しておりません」ということだったんです。

フィルムの中の若者たちといい、さきほどの長崎原爆の投下年月日23％の正答といい、いわゆる「風化」というのはここまできているのですね。私は「風化」というのは、風化「する」ものではなく風化「させる」現実があるんだというふうに思います。忘却とか無知とか無関心に手を貸す、そういう人間の存在があるということで、そこが問題だと思うんですね。

例えば、二日後ですが、今年の八月九日の新聞は私の家のポストには入りません。というのは、全国紙の休刊日になっているからです。つまり全国一斉に八月九日の「長崎原爆の日」の朝刊は出ないということなんです。六年前にも、八月九日付は出ませんでした。その時は私たちが抗議をしたり、労組の会社に対する抗議などで、地元紙の『長崎新聞』だけは八月九日付を出しました。しかし全国紙は出しませんでした。『中国新聞』も当然出します。長崎の地元紙は今年も出します。ということは、メディア自身が「原爆問題」というのはローカルなんだということを、自分たちで決めているということです。この休刊日っていうのは、先の23％という実態を考えれば、八月九日付の新聞を見て初めて、「きょうが長崎の原爆の日なんだ」ということを知る人が、結構多くいるんだということですね。そういう知る機会を奪うということにもなっています。

八月九日の長崎原爆は、松山町の五百メートル上空で炸裂しました。その真下の場所に目印として、六メートルくらいの三角の柱が立っています。その柱のすぐ後ろに、低い、横に長い塀があります。その塀に一枚のプレートがはまっています。漢字九文字で「原子爆弾落下中心地」と書いてあります。修学旅行の子どもたちをそこに案内したとき、すべての被爆者がそう思ってるかどうかというのは分かりませんが、と私は前置きをしながら、「この九文字の漢字の一文字に、わたしは非常に違和感を持っています。できれば別の字に変えてほしいですね」と言うようにしています。小学生なんかはけげんな顔をしてますので、周りの木を指さして「秋が深まるとこの木の葉は落ちてきます。だけど……」とヒントになるのか混乱させるのか分かりませんが、付け加えています。後で、感想文なんかをよく送ってくれるんですが、「あなたが言ってた字は〈落〉ですか」と書いてあったりします。みんなで話し合いました、とも。「落ちた」といえば、せいぜい「何が？」でおしまいですが、「落とされた」といえば、「何を？」「誰が？」「どうして？」などと問いかけ、あるいは関心は広がるわけです。「落ちた」は自動詞、「落とされた」は他動詞です。なのでここは原爆が落下したのではなく投下されたのではないでしょうか。

原爆は落ちてきたのだ、と長崎市が主張する唯一の場所です。「原子爆弾投下中心地」という呼び方が当たり前になる日を期待したいですね。

緒方　全先生、映像のご説明をお願いします。

全　長崎大学の学生たちが再現した、原爆により消え去った町の中に浦上天主堂周辺があります。写真と動画を見ながら説明させていただきます（注・一部映像省略）。

長崎の原爆が落とされていた場所は、基本的に長崎の町というより、市内から離れた場所の浦上地区です。ちょうどここの付近に原爆が投下されたと推定されています。ここが今の長崎平和公園となっているので、少々離れている場所ですね。ちょうどこの場所の、八月七日の様子がどうであったか、誰も記憶にないのです。しかし、アメリカの国立公文書館に航空写真が残っておりまして、その写真を重ね合わせてみると、原爆が落とされる直前、浦上地区はこういう状態になっていたのです。これが、原爆が浦上地区に投下される、ちょうど二日前の様子を説明しております（写真1）。

この様子からも、画像を見れば分かるように、

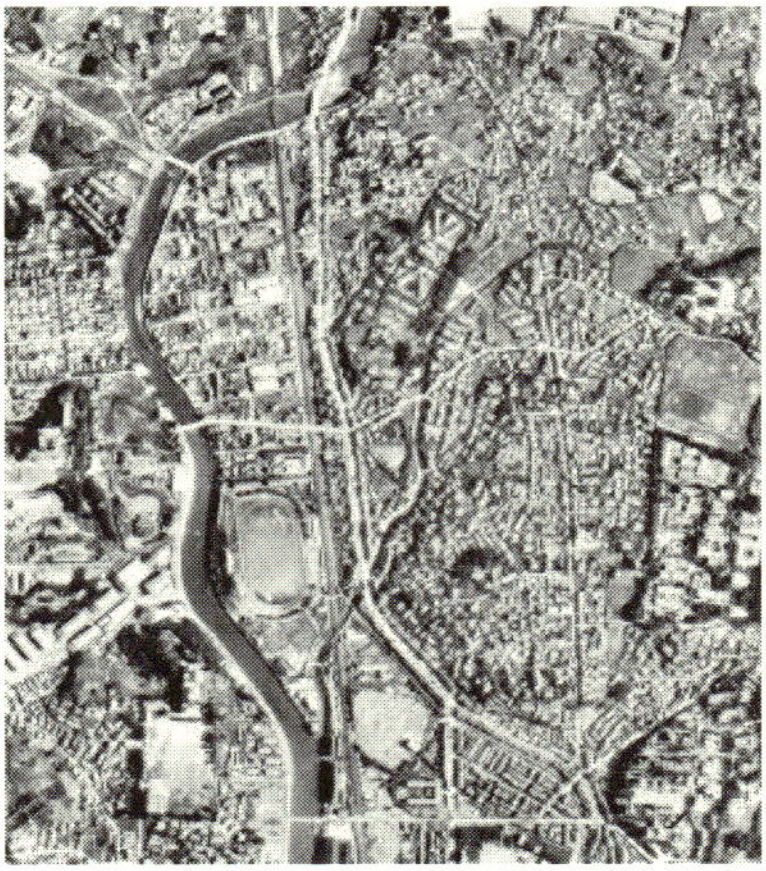

1　8月7日―原爆投下2日前

町全体にかなりの住宅が見えています。実はここに五百メートル上空、原子爆弾が爆発しています。Google Earth上に表現すると（写真2）、ちょうど五百メートルの上というのは赤いボールのような形になっておりまして、直径三十メートルの火の玉を形成したものから熱線が爆発を伴って広がったものと推定されています。この場所はこういう形で、キノコ雲を形成し、約百メートル上空で撮影されており、約十秒後の様子であると推定されています。穏やかな丘が広がる浦上天主堂の鐘が鳴り響くところに、落とされた原子爆弾の様子です。

原子爆弾が落とされた次の日の八月十日の様子が、やはりアメリカの国立公文書館のアーカイブに残されています。八月十日の写真を八月七日の写真の上に重ねて表現すると、こういう形になります（写真3）。

この辺が原爆投下のあった爆心地公園であり、ここが平和公園です。当時コンクリートの建物として唯一残された小学校の城山小学校の様子が左側に映っています。これが八月七日、三日前の様子であり、これが十日にはこういう形になっていることが確認できます。犠牲になられた方々七万四千人という数字がありますが、写真からもその様子が容易に判断できます。

長崎大学の学生たちが破壊されたこの道のところを、前の状態はどうであったかということを探りながらプロジェクトを組み、原爆前の浦上地区の再建作業をしておりました。前の状態というのはアメリカの国立公文書館が公開している航空写真から確認し、一軒一軒建物を数えながら、先ほど高瀬さんから説明がありました、浦上教会までのこの距離をたどって、一軒一軒建物を作り上げました。

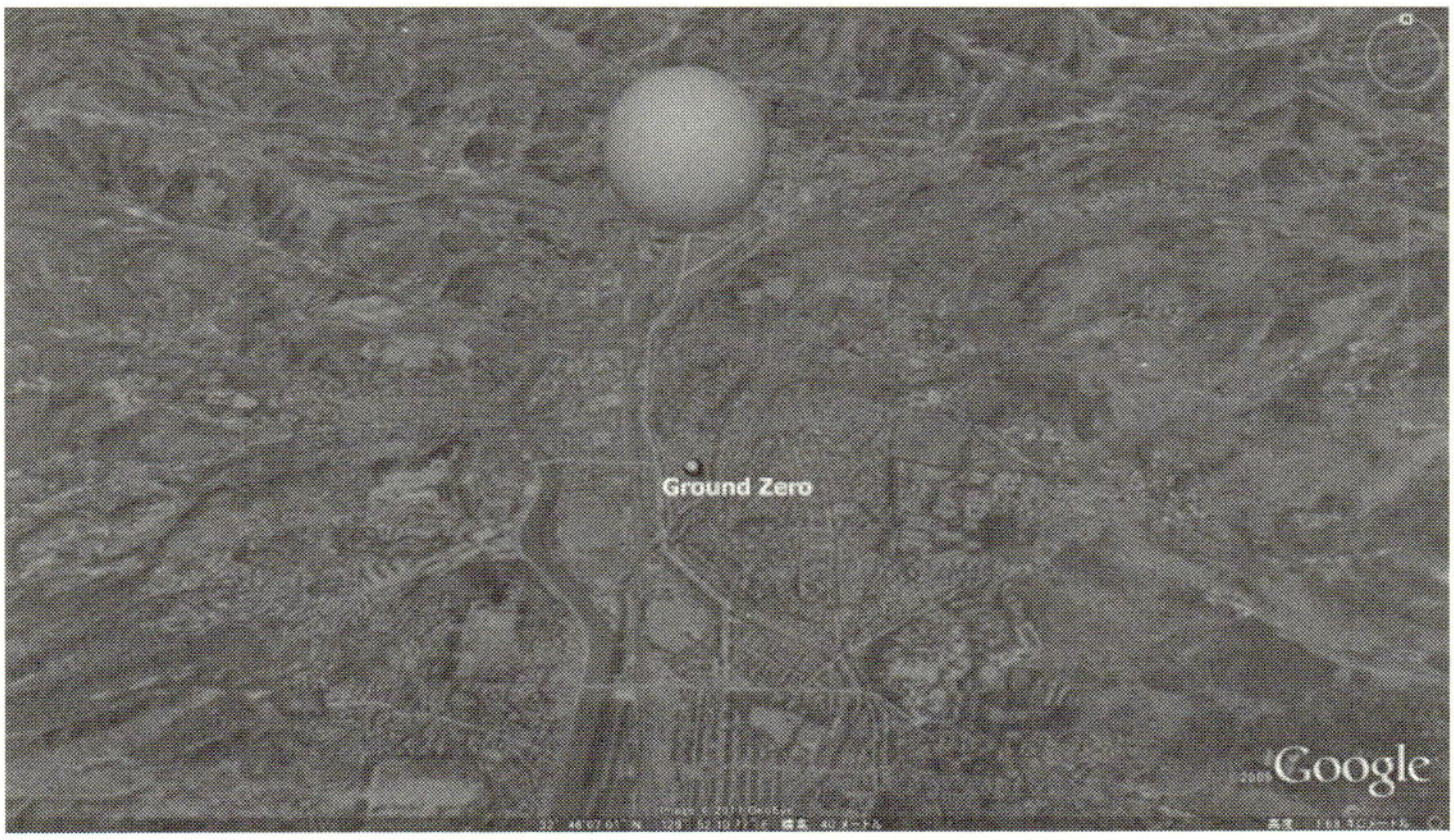

2　8月9日—500メートル上空で爆発（想像図）

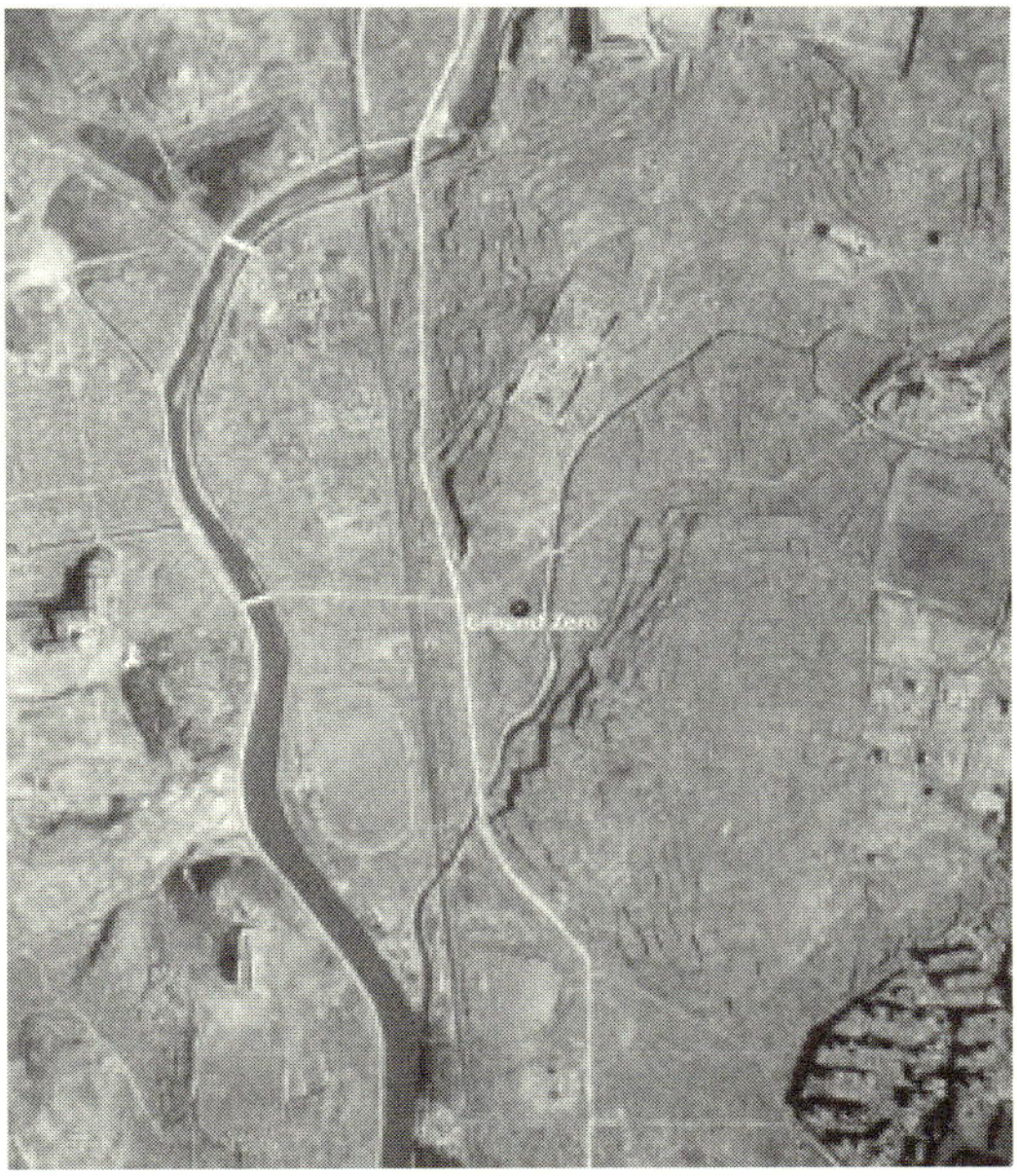

3　8月10日
原爆投下翌日

完成したものが、今お見せしている動画ですが、百軒ぐらいの建物を建てております。主に四年生の学生たちの手によって完成したものです。実は、当時の様子が分かる写真は四〜五枚しかありません。まさに当時の建物をさまざまな形で推定しながら、このようなものを作っています（写真4）。

当時の様子を説明する写真は白黒ですので、推定を重ねながら、当時の建物を調べながら、カラーの部分を完成しております。これがちょうど、その百軒ぐらいの建物の場所をコンピュータグラフィックスにより再現したものです。ちょうど左側の方に見えているのが、平和公園の登り口にあった建物で、当時としてはユニークな写真店でした（写真5）。この写真店の前に、かなりの人たちが写真を撮っていたので、この建物が残っており、正確に表現することができたのです。

この交差点から左に入ったところにあった「郵便局の写真」が残っています（写真6・7）。その郵便局の写真を基にして作った通りが、このような形になっています。左側には当時の井戸を再現していますが（写真8）、これは航空写真の方からは確認できないもので、証言の会の内田さんの、当時ここに井戸があったという証言のもとで学生たちが作りました。井戸の形は同じではないかもしれませんが。

また、当時の建物はどのような形になっているのか。写真からしか判断できませんが、いろいろな方々の協力を仰いで、現在このような形の、当時の建物の様子が再現されています。

多くの方々が見て、いろいろなアドバイスをしてくださっていますが、いかんせん、未完成

4　当時の写真館（上）
5　再現CG（下）

6　当時の郵便局（上）
7　再現CG（下）

8　当時の井戸の再現CG

な部分が多々あります。例えば、道路の幅が当時よりかなり広いとか、あるいは形が若干きれい過ぎるとかというお話をしております。まあ四年ぐらい前からスタートしたわれわれの気持ちは、ここに百軒程度の建物を作り上げることで、十分にその気持ちを表現しているのだと感じております。

また、この辺には一枚の写真が、ここには二枚の写真が残されておりますが、これが当時のクリーニング屋さんです（写真9・10）。だいぶハイカラーのもので、現在もクリーニング屋さんをしております。ご主人は変わっておりますが……。

ここから若干上がって、当時の教会が見えています（写真11）。現在の教会とこの教会の様子は、若干違い、三次元で表現したこの教会は当時の教会ということになっております。現在は、元の教会を壊して新しく建てておりますので、被爆された教会は残っていません。しかし、バーチャル空間上には当時の教会を再現することが可能なのです（写真12）。原爆が落とされる前の、直前の様子がよみがえったと言えるでしょう。

長崎からの様子、あるいはコンピュータグラフィックスの説明はここで終わりたいと思います。沖縄会場、どうぞ。

緒方　素晴らしい写真をありがとうございます。被爆直後は砂漠のような光景で、びっくりしました。広島会場からコメントを頂きます。

佐渡　ありがとうございました。長崎会場の先生方も、どうもありがとうございました。途中、映像が途切れましたが、わたしは広島のフロアの皆さんに問いかけをしていました。つま

9 当時のクリーニング屋（上） 10 再現CG（下）

11 当時の教会（左）

12 再現CG（右）

り、広島と長崎との分断はなぜ起きたのかを考えるべきではないか、という話をしていました。これは、わたしにとっては重要な論点なので、きょうの講座の最後のところで、三会場を結んでの意見交換の時間がありますから、皆さんの考えや経験を共有できればいいなと思っています。この論点については後半にまわすとして、前半の高瀬さんや長崎会場からのお話を受けて、少しコメントをしたいと思っています。

広島にとってドームがあるということは、わたしにとっては長い間、あまり疑問に思うこともなく受け入れていたことでした。ここまでのお話を聞くと、それが広島の平和運動にとっては大変ありがたいというか、貴重な存在だったのだろうというふうに改めて思わざるを得ません。

どうしてドームが残っていたのか、残されたのかということは、おそらく一つの明確な理由があるわけではないのだろうと思っています。広島においてドームが残されたことは、おそらくさまざまな偶然が重なって実現したにすぎないというふうに思っています。

そもそも広島においてドームを残すかどうかについては、非常に大きな意見対立が当時ありました。なぜならば一方で広島の人が原爆ドームを見ると、被爆体験を思い起こさせ、つらさの象徴でしかないという声もあったからです。他方で、やはりそれは被爆を伝える証拠として残すべきであるという議論もありました。

ですから、この意見対立が最終的に保存へと動いたのは、やはりさまざまな要因が働いた結果であろうと思います。何が働いたのかについては、いくつもの要素があると思いますが、その中で私が一番大きな要因と考えているのは、広島という町が復興する中で自らの都市を平和都市と位置づけたということです。

多くの方々はご存じのように、一九四九年に広島は平和都市建設法という国内法の制定を実現させ、そのことをもって都市の復興のための資金を手に入れていくことに成功します。広島は平和を発信をすることで、復興を実現していくことを目指したということになります。いわば広島は、平和を発信するさまざまな手法を残しつつ、復興をしなければならなかったわけです。もしかするとドームというものも、発信のための一手段として、広島の人たちにとって有用視されることになったのかもしれません。

幸いこのドームは残され、その後の平和運動において、重要な平和の発信のためのシンボルになり、またモチーフになっています。高瀬さんがおっしゃったような若い世代が継承する過程で、このモチーフはたくさん使われています。例えば、高校生が演劇をする中でドームの姿が用いられ、被爆前と被爆後の姿を対比することで被爆の瞬間を表わし、聴衆は被爆したということが分かるという演出がみられます。このように原爆ドームというのは、強力な発信力を持っているように思っています。

しかし、わたしは平和のメッセージを発信するにあたって、ドームのような三次元の物がなければ発信が困難になる、ということでもないように思います。広島が平和を発信する上で、しばしば取り上げられるのが佐々木禎子さんのエピソードでしょう。被爆によりとても若くして亡くなった少女の物語です。佐々木貞子さんが三次元の物として永遠に残るということは難しいです。しかし彼女の物語は、今日では広く知られるようになっていますし、核兵器の非人道性を語る上でも、非常に強いメッセージ性を持っています。

わたしたちは、物に頼れば平和を発信したり平和を継承できると考えるべきではないでしょう。原爆ドームの保存や被爆体験の継承など、さまざまな手法があるのだと考えています。

広島での継承の活動というのは、二つのパターンに集約されるのだろうと思います。まずは記録をしていくという作業です。その中には被爆建物を保存するだとか、被爆体験を記録していくというようなことも含まれます。被害の実態をあらためて調べていうことも、一つの取り組みとしてありえるでしょう。例えば広島で最近行われているプロジェクトとして、黒い雨の降雨地域がどこまでだったか調べなおそうというものがあります。これも継承の中の柱の一つといえます。

もうひとつが、若い世代が学び、そして発信していくという作業です。これはさまざまな形で広島では展開していると思います。署名活動というのは大変重要な役割を果たしています。また演劇を上演する、写真を活用するといった表現活動も活用されています。

今日の広島は、被爆者が存在しなくなったときの継承方法を、さまざまに模索しています。継承の方法について長崎や沖縄ではどのように考えているのか、長崎会場、そして沖縄会場からの情報をぜひ頂戴したいと思っています。

いくつか提起したい論点もありますけれども、それはまたあらためて意見交換の時間に提起したいと思います。それではマイクを沖縄に戻します。

沖縄戦の遺骨が語りかけるもの

具志堅隆松

緒方　沖縄戦遺骨収集ＮＰＯ「ガマフヤー」の具志堅隆松さんをご紹介します。

具志堅隆松　私は学校の先生でもないのに、このような大学の教壇で話をすることになり、正直戸惑っています。

これまで沖縄本島の南部地区を中心に遺骨収集をやっていたんですが、三年ぐらい前から那覇市の真嘉比《まかび》という所でも遺骨収集をするようになりました。今日はその真嘉比での遺骨収集を中心に話を進めたいと思います。

真嘉比という所は沖縄戦の激戦地であるにもかかわらず、遺骨収集をせずに那覇市が開発を始めてしまったんです。まあ、しないでと言うより、遺骨収集をしなければいけないという認識が役所にも民間にもなかったんですね。私は真嘉比に関わる以前はほとんど独りで遺骨収集をやっていました。

役所に、真嘉比の開発現場は沖縄戦の戦没者の遺骨があるんだと言ってもなかなか取り合ってくれないので、現場に入り込んで見つけた遺骨を動かさない状態で掘り出して新聞社を呼んで報道してもらいました。さらに、私自身も新聞の論壇に投稿し、「真嘉比の開発工事現場は遺骨収集をしなければいけない場所だよ」ということを世論に訴えたんですね。そしたら、那覇市から話し合いたいという連絡がありました。向こうが言うには、「遺骨収集というのをよく調べてみると、本来は厚生労働省が所管していて、沖縄では県の援護課が担当しています。那覇市には元々遺骨収集のための予算は無いのです」という話だったんですね。私は、予算化してくれという話ではなく、現場で遺骨収集が出来ればいいんですよ、ということを伝えたんです。結果、都市開発の工事現場でボランティアによる遺骨収集が展開出来ることになりました。

しかし、実際にやるとなると現場が広大なので「ガマフヤー」の少ない人数だけでは大変です。それで一般市民にも参加を呼びかけました、それが第一回目の市民参加型遺骨収集（二〇〇八年六月二十二日）で、八十人くらいの方が参加してくれました。そのときも遺骨が出てくれたんですけど、後で写真で説明できると思います。二回目の市民参加型遺骨収集は八月三日に行ったんですが、お昼ごろから大雨になり中止しました。その後、この発掘現場から日本軍の毒ガス弾が出てきて、遺骨収集そのものを中止しなければいけなくなったんです。

その後、環境省が現場の調査に入り、大気、地下水、土壌ともに汚染無しという結果が出たんですが、毒ガスが出てくるような場所に不特定多数の市民を導入して遺骨収集の発掘作業をさせるわけにもいかず、「ガマフヤー」のメンバーだけの少人数の発掘作業となりました。

それから何ヵ月かして、那覇市から発掘作業をもっと早く出来ないかという相談がありました。私たちはボランティアによる日曜日だけの作業ではこれが限度だと答えたのです。しかし、迷惑をかけるのも忍びないということで、国に遺骨収集をお願いしようということにしました。それで、遺骨収集を所管する厚生労働省の沖縄での窓口である沖縄県援護課に相談に行ったんですね。

そのとき分かったのが、国のやる遺骨収集とは企業が営利事業として行っているということだったんです。そのことに違和感というより許せないものを感じて、沖縄の遺骨収集を企業の金儲けにしないでくれと言ったんです。しかし、ただ反対だけではものごとは前に進みません。そこで私たちが考え出したのは、国が金を出して誰かにさせるのであれば、営利事業でなく非営利事業にしてくれ、沖縄には働きたくても仕事が無くて失業している人や、果ては住まいも失い、家庭も崩壊してホームレスになってしまった人たちがたくさんいます、その方たちを我々が集めるから彼らを作業員とした非営利事業としての遺骨収集事業としてくれとの要望を、ホームレスを支援しているＮＰＯ達と連絡協議会を立ち上げ、正式に国に提出しました。

このことは客観的な見方をすれば、沖縄戦の戦後処理である遺骨収集の作業を社会的弱者の雇用の場にしようという構想ですよね。実は、失業者の救済も遺骨収集も厚生労働省の管轄なんですね。その厚生労働省の大臣が当時は舛添要一さんでした。舛添さんに会ってみませんかという話が飛び込んできたんですね。会ってみると、「戦後処理と雇用が結びつくのはいいことです。これを厚生労働省が進めている緊急雇用創出事業でやりませんか」との逆提案をされました。その結果、二〇〇九年十月九日から十二月十日までの二ヵ月間、ハローワークを通じて採用されたホームレスや失業者の方たち五十五人が真嘉比の約七千平米の面積の丘で遺骨収集の作業をしてくれました。これからその話をしたいと思います。

沖縄戦の特徴と言いますと、軍人よりも住民の犠牲が多かったということを私は第一に考えています。地元に住んでいる人間に言わせれば、今のように簡単に来れるわけでもなかったはずですが、日本軍もアメリカ軍も海の向こうからわざわざやって来て無人島でもない沖縄で戦争をやらかしたので、住民が巻き込まれてしまい軍人以上の犠牲を出す結果となってしまったのです。そのことを、よく年配の方が自分達が被った被害を戦争だったからしょうがないっていう風な言い方をするんですが、私その都度よく言うんです、「それってまちがいなんですよ。戦争だからって住民が巻き込まれていいってのはないんですよ。国際法でも違法なんです。戦争は本来軍隊と軍隊のぶつかり合いであって、住民がそこで犠牲になっていいってことはないんですよ」って。これまでの遺骨収集でも、住民と思われる遺骨、とりわけ子どもの遺骨には敏感なところがあったんですが、真嘉比では出てきた遺骨はほとんどが兵隊としての遺品を伴っていて、住民と思われる遺骨の出土はありませんでした。地元の古老に聞いても既に地元の住民は本島南部に避難していたとのことでした。

私たちは真嘉比で遺骨収集を実施するにあたって、作業員以外の一般の方のボランティア参加や見学希望を極力受け入れてきました、それは、この遺骨収集の現場で、遺骨になってしまった方たちがなぜそこで死ななければならなかったのか、帰りを待ち続けたであろう家族の苦労は如何ばかりであろうか、戦争で死ぬとはどういうことなのか、そして私たちの子どもや孫達はこうならないという保証を我々は戦後手にしたのか、このようなことを亡くなった方たちを前にして考える学習と慰霊の場にして欲しかったからです。その他にも、見つかった遺骨を入れる収骨袋の提供も呼びかけました。それは以前、沖縄県の援護課に収骨袋をもらえないかとお願いしたところ、数が少ないからと断られたことがあったからです。この呼びかけにもたくさんの方が応えてくれました。

それでは、発掘作業の様子を写真を使って説明したいと思います。

《写真1》これは現場なんですけど、真嘉比という所は新都心と呼ばれている新興繁華街に隣接しています。作業をしている方たちの後方に見えるのがそうですね。実はこの新都心と言われている場所も沖縄戦当時は真嘉比と連携した日本軍の陣地でした。この写真は丘の樹木の伐採が済んで発掘の前段階の地表の調査の状況です。遠景ながら作業員が横一列で働いている場面で、私が一番好きな写真です。

《写真2》この写真は実際の発掘の様子です。十人単位の二グループが向かい合って掘り進んで来たのがぶつかろうとしているところです。掘り下げる深さは最初は1メートルにしていたんですね。それは磁気探査機の能力が1メートルまでということだったんですが、手榴弾のような小型の爆弾は感知しきれず出土することもあり、後からは80センチにしました。

《写真3》これは出土品の写真です。茶色の石ころのような物が砲弾の破裂した破片が土の中で錆びた状態のものです。アメリカ軍の小銃の薬莢と小銃の弾頭そして右端にあるのが日本軍の兵隊が標準的に携帯していたと思われる薬瓶です。右下にある紙は日付と場所を示しています。

《写真4》これも出土品です。砲弾破片以外では右上のが腕時計の枠、その下がアメリカ軍の5インチ艦砲弾の弾帯片、これは大きさと線条痕の幅から分かります。その右下が60ミリ迫撃砲又は81ミリ迫撃砲の尾部のフィンの一部、そして、写真中央に丸いリングが二個あります。これはアメリカ軍の手榴弾のリングです。そして小銃弾ですね。この写真一枚にアメリカ軍の攻撃の形態がよく現れています。まず5インチ艦砲弾ですが、これは上陸以前もしくは歩兵の侵攻以前の海上の艦船からの長距離攻撃です。そして60ミリ迫撃砲ですが、これは近接した歩兵による近距離攻撃です、そして、手榴弾のリングですが、これは物を投げて届く距離からの超接近戦です、さらに航空機と戦車が加わりますが、日本軍の激しい抵抗によりアメリカ軍もこれまでにない犠牲を出すことになります。

《写真5》日本軍の97式手榴弾です。遺骨と一緒に出てきました。

《写真6》写真中央の上に丸い球状のがありますが、これは四式陶製手榴弾と言い、焼き物なんですね。戦時中、金属が不足して焼き物で手榴弾を作ったんです。その下に見えるのが人間の大腿骨のひざの関節部分です。おそらくこの手榴弾、ズボンのポケットに入っていたんでしょうね。会場の前のほうに現物を展示してありますので後で見てください。

1

2

3

5

6

4

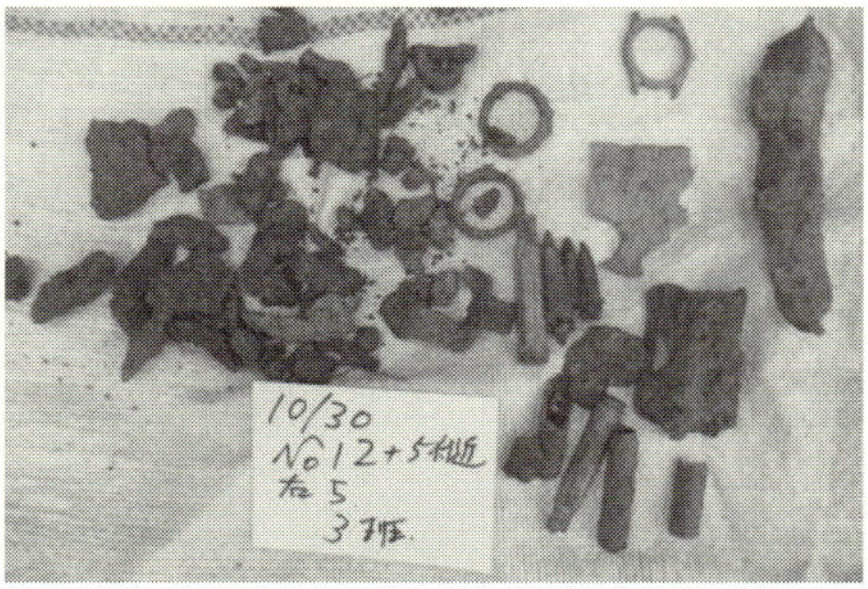

《写真7》磁気探査によって発見された不発弾です。5インチ艦砲弾です。

《写真8》この写真、不発弾が二個写っています。これ、日米両軍の75ミリの砲弾です。二つとも発射痕があります。同じ場所から両軍の攻撃の痕跡が出てくるって不思議だと思いませんか。この場所で攻守が入れ替わったことを意味しています、最初に日本軍が守っていた陣地を米軍が砲撃して占領し、駆逐された日本軍が今度は別の場所から米軍に砲撃を加えたということで、これは米軍の記録からも証明されています。

《写真9》不発弾ではなく日本軍の大砲の未使用弾です。この現場に布陣していた連隊砲の部隊が使用していた41式山砲の薬莢付きの実包です。左のが対戦車用で、右側二本がたぶん撤甲弾だと思います。余談ですが、この未使用弾が出土した周りから発射後の薬莢や破壊された大砲の部品などが出土しています。

《写真10》この写真に写っているのは出土した日本軍の爆薬です。私たちは「淡黄爆薬」と呼んでいます。私がこれまでの発掘で知っている中では、米軍戦車への自爆攻撃の際に使用する木箱に爆薬を詰めランドセルのように背負い近づいてきた戦車に飛び込んでいく戦法があるのですが、その木箱の中に同じ淡黄爆薬が入っていました。このような戦法で破壊されたのかは分かりませんが、真嘉比でも実際に戦車のキャタピラーや部品も出土しています。

《写真11》この出土物は、右端の白い四角いのが先ほど出ていた淡黄爆薬です、真ん中の穴は雷管を差し込む穴だと思います。その左下の空き缶のようなのが先ほど出ていた41式山砲の使い終わった薬莢です、ほぼ真上から写しているので高さが無いように見えますが、実際には20

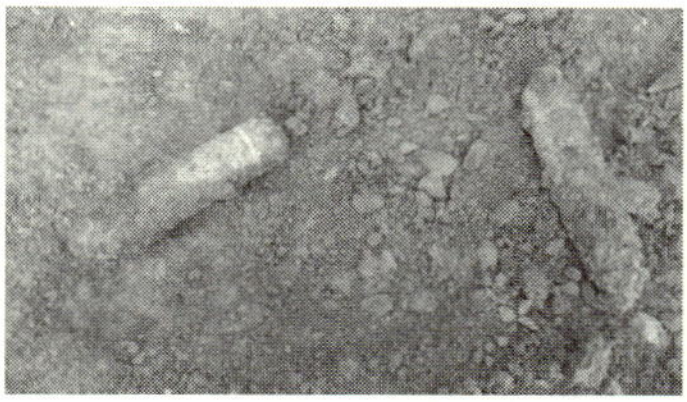

8

7

9

10

11

センチぐらいあります。写真左下の楕円形のアルミ金属は日本軍の防毒ガスマスクの吸収缶の上面部分です。その上にあるのが米軍の81ミリ迫撃砲の尾部が破裂して開いたものです。

《写真12》ここから遺骨の写真になります。写真の左上に横たわってあるのが足のすねの骨、脛骨です。その右側に散らばるようにあるのが足の甲と指の骨、そして靴底です。片足しか出ませんでした。この日付と場所の12から13右側にプラス30メートルというのを覚えて置いてくださいね、あとで地図の上で説明しますので。私たちは、出土した遺骨を出来るだけ記録に残そうと、写真だけでなく地図への記入や遺骨の部位別の記録などをとりました。

《写真13》今の遺骨を取り出して撮影したものです。

《写真14》これが部位別記録です。左から二番目の十一月二十五日の、場所が12から13の右30メートル地点で脛骨、ひ骨、足根骨、足指骨、靴をはいた状態の足のみで写真番号が１２６８、１２６９、１２５９、としてあります。

《写真15》地図がこれですね。線で囲われた範囲が作業範囲です。

《写真16》これは少し拡大したものです。

《写真17》この写真と次の写真ですが、ほぼ同じ場所で同じ部位の遺骨が出ています、両方ともひざから下の両足です。ちなみに、この写真の脛骨が折れているのは発掘時に折ってしまったものです。しかし、細長いひ骨に損傷はありません。

《写真18》この写真にある細長いひ骨は折れています、この骨折は六十五年前当時のです。真嘉比で出土する遺骨の特徴は完全体が少なく、特に頂上付近では破折した部分骨が多いという

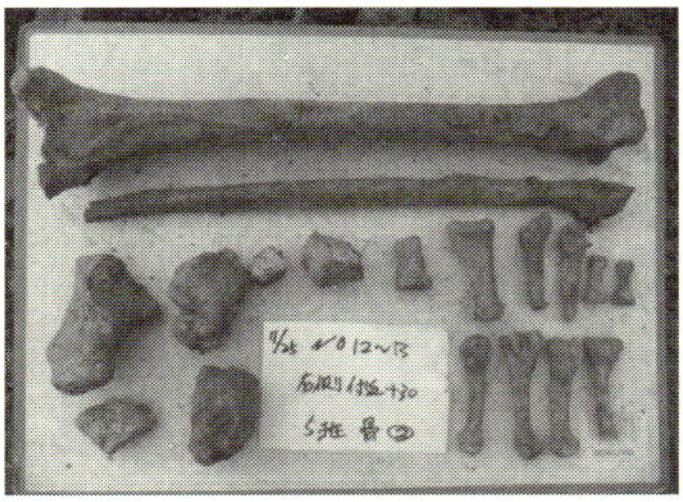

13

12

15

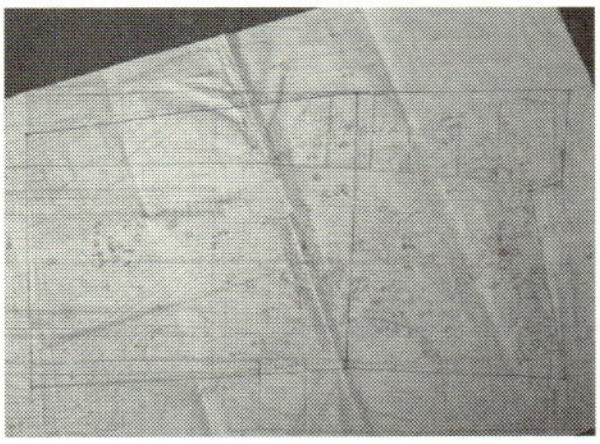

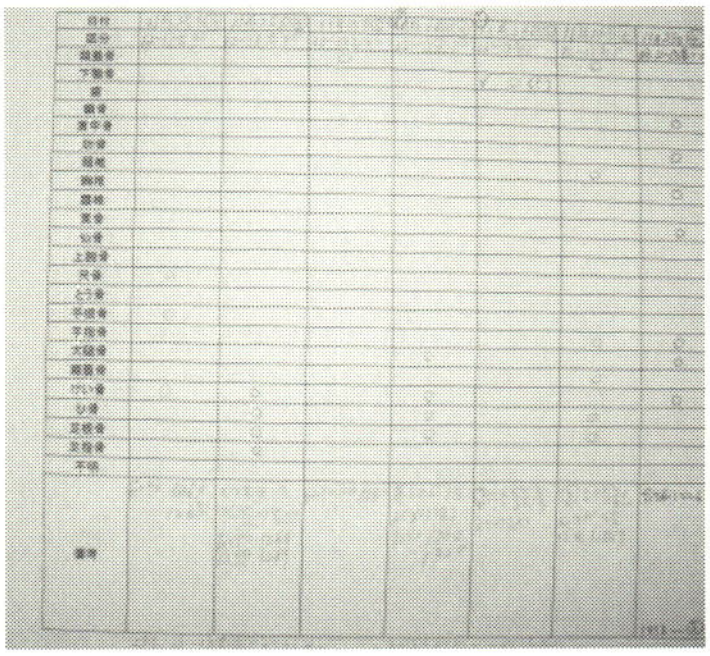

14

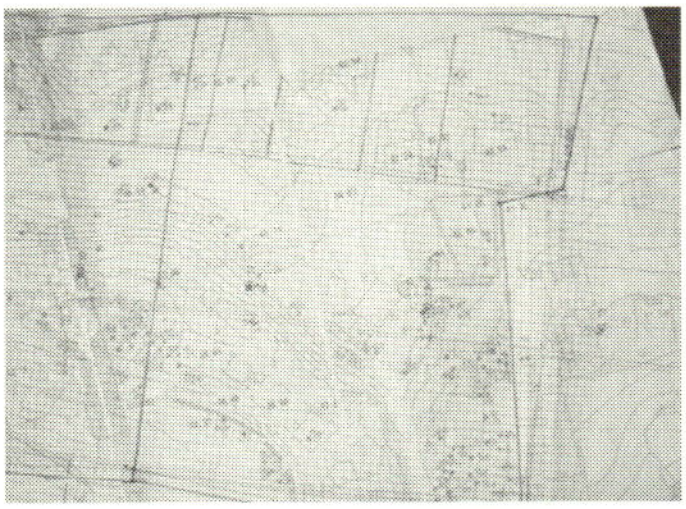

16

18

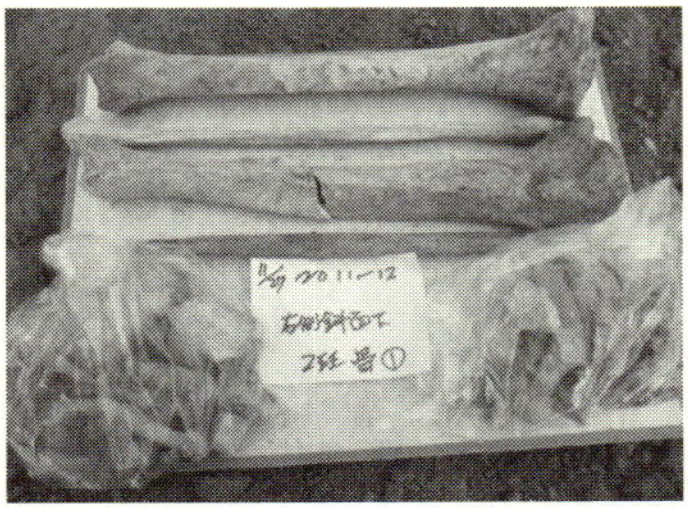

17

ことです。

《写真19》真嘉比は戦前からお墓がある場所でもあったので、砲撃で破壊されたお墓の被葬者の遺骨も出てくるのではと気をつけていました、この骨も古い骨に見えるのですが、緑色の何かがあるのが見えます。

《写真20》日本軍の薬瓶です。この状況の出土であれば墳墓遺骨とみるよりは日本兵の遺骨とみるのが妥当かと判断しています。

《写真21》発掘現場の西側約三百メートルぐらいの位置に、米軍にシュガーローフと呼ばれた丘があります。そこは米軍が多くの犠牲者を出す場所ですが、この写真の方はシュガーローフを望む高台に掘られた蛸壺壕の中の日本兵です、蛸壺壕と言っても分らない人もいるかと思いますので説明しますが、だいたい直径が90センチ、深さが1メートル20センチぐらいの井戸のような穴を掘って、その中に潜んでいて敵を攻撃する戦法です。自分が敵を迎え撃つ代わり、自分が穴から出ようとしたら敵に身をさらし撃たれるという、戦法としてはもうほとんど逃げ場のない戦法です。この写真ではまだ分からないんですが、私たちは、出てくる遺骨をできるだけ、どのような状態で倒れているのか、最後の姿がどのような姿なのか見てあげるのも供養だとして、遺骨を動かさずに回りの土を掘って行くような作業をしました、それが次の写真です。

《写真22》ちょっと説明します、足元に転がっているのが、日本軍の99式小銃の発射済の薬莢と装弾子です、この方、この蛸壺の中で三十発ぐらい撃っていたという痕が残っています。右

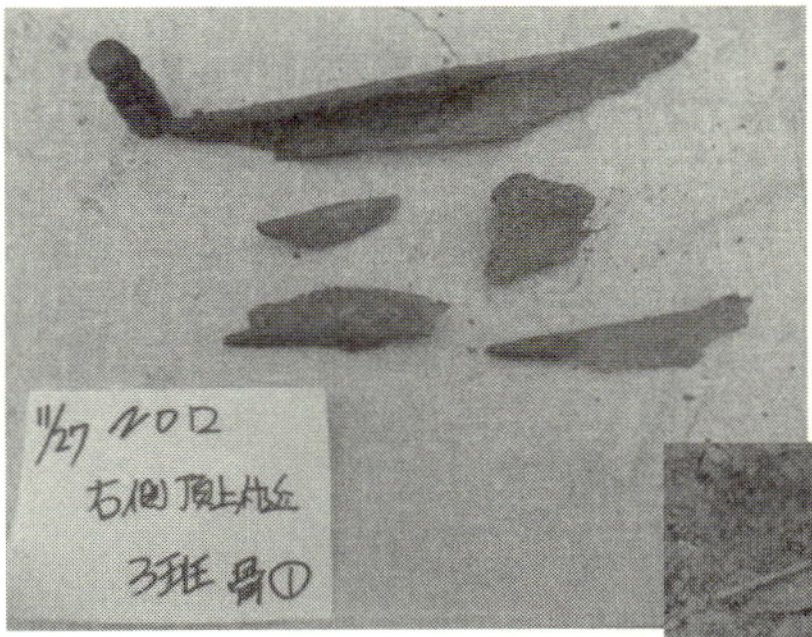

19

20

21

22

腕のひじの下にあるのが未使用の小銃弾ですね、装弾子に五発ずつ連装されたのが弾薬盒という革製の小さなカバンに革ベルトで腰にゆわえてあるのですが、カバンもベルトも六十五年の歳月で腐って無くなってしまい、金属の小銃弾だけが元の位置に留まっています。足は地下足袋を履いていています。日本軍は軍靴、いわゆる軍人の戦闘靴もあるんですが、歩兵は地下足袋も各自標準装備で持っているようです、よく、夜間の切り込みに出かける時は、音を立てないようにということで、軍靴から地下足袋に履き替えて出かけたという生き残りの方たちの話も聞きますし、実際壕の中にも靴だけが数多く残されていることもありました。

《写真23》次に、これはどういう姿勢なのか同じポーズをとろうとしているところです。

《写真24》これがそうです。この方は座っているように見えますが、座っているというより穴が狭くて倒れきれないんです。それから、頭の上に穴が開いていています。私たちも最初は米軍に銃で撃たれたのかと考えていましたが、次の写真を見てください。

《写真25》鉄帽をも真上から貫通しています。普通、縦穴の中にいる人間が水平方向にいる敵から垂直方向の銃撃を受けることはありえないはずです。では、どういう種類の攻撃だったのでしょう。その答えというか手がかりが次の写真です。

《写真26》この方の頭蓋骨の中から出てきた物です。左側が肉厚からして鉄帽の破片と思われます。右側のは銃弾ではなく砲弾の破片です。これだけでは砲弾の種類は分かりませんが、蛸壺の中から別の破片が出てきました。米軍の１０５ミリ榴弾の弾帯の破片です。

《写真27》米軍の１０５ミリ榴弾砲の砲弾です。弾の左側から四分の一の所に帯がありますが、

23

24

25

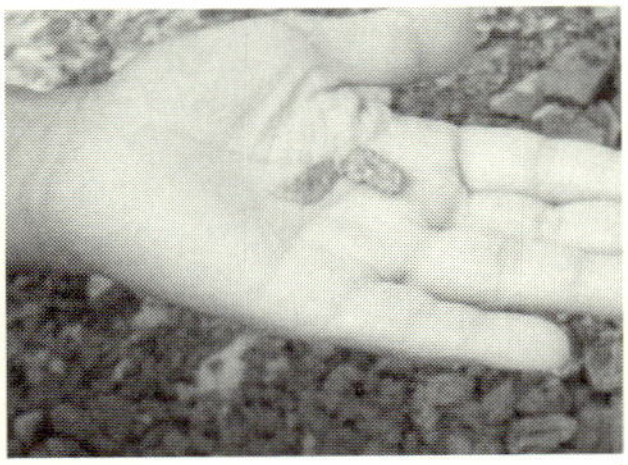

26

27

それが弾帯ですね。材質は真鍮です。この105ミリ榴弾に空中で爆発する種類があります。日本軍はそれを榴散弾と呼んでいるんですが、この榴散弾の攻撃を真上から食らったんじゃないかと推測しています。

《写真28》この方は埋葬遺骨の方です。埋葬遺骨というより戦場の仮埋葬遺骨と言うべきでしょうね。仰向けで頭を北向きにして両手をお腹の上で組んでいます。当時はこうやって埋めてもらえるだけでもいい方なんでしょうが、戦争で死ぬということを良しとして認めたくはありません。この写真で左腕が無いのは、左腕の下にある物を確認するため私がどけた状態です。

《写真29》遺骨が出るまでは片手鍬や熊手を使って掘りますが、遺骨が出てくると竹串や刷毛を使った細かい発掘に切り替えます。そして、この作業員の方は遺骨を傷つけないように竹串より柔らかい生木の枝で串を作って掘る方法を考え出していました。この作業員が掘り出した遺骨が次の写真です。

《写真30》下半身しかありませんでした。この写真では分からないんですが、次の写真を見てください。

《写真31》お腹の真ん中あたりに丸いのがありますね。これ当時のお金で五銭なんです。銭は漢字の銭ですね、当時はこの五銭を千人針という腹巻状の布に縫い付けてあったんですね。五銭の意味ですが、四銭の次は五銭ですよね。四銭を死線とかけて死線を越えて生還するようにというお守りだったんです。真嘉比だけでもこのような状態で三例か四例出ています。縫い付けた布が残っているのもありました。布はガーゼのような感じの布でした。千人針を巻いてい

28

29

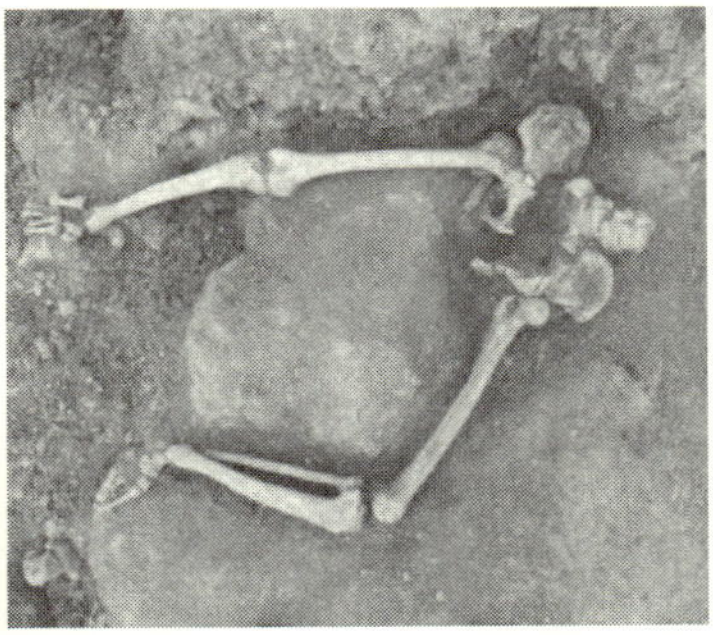
30

31

たとか、お守りを持っているというのは、考えてみると、生きて帰りたいということですよね。家で待っている人がいたんだろうな、帰りたかったんだろうなと思うと、本当にかわいそうというか、国は罪なことをしたなと思います。

《写真32》これはちょっと説明したい写真です。まず、写真中央の大きな錆びた金属は日本軍の重機関銃の台座です。損傷しています。その左下にあるのが眼鏡ですね。その右下にくっついているのがベルトのバックルです。眼鏡の下に青さびの短い棒状のがあります。これが何かと言うと、

《写真33》この写真にあるように、かんざしなんですね。男性の兵士がかんざしを二個も持っていたんです。同じ真嘉比の別の場所では胸のポケットの位置から出土していました。なぜ男性兵士がかんざしを持っていたかというと、以前聞き取りした中で、母親が出征する息子にお守りとして持たせたというのを聞いたことがあります。

《写真34・35》この写真は蛸壺壕内の方ですが、おそらく遺体にオイルをかけられて火を放たれたのではと思われます。その後で土をかけられたようで、ただ、この方の上にもう一人分の遺骨が出土しているんです。地上にあった死体を蛸壺壕に投げ入れたのだと思います。上のほうは普通に固い土だったんですが、下のほうはスカスカでした。首は壁にもたれたままですが、下顎骨は脱落して胸元の位置にきています。たぶんオイルが防腐剤になったのではと推測しているのですが、この方の持ち物の革製品が大分残っていました、これは図嚢と呼んでいるカバンですが、万年筆だけでなく、鉛筆も赤、黒二本残っていました。

32

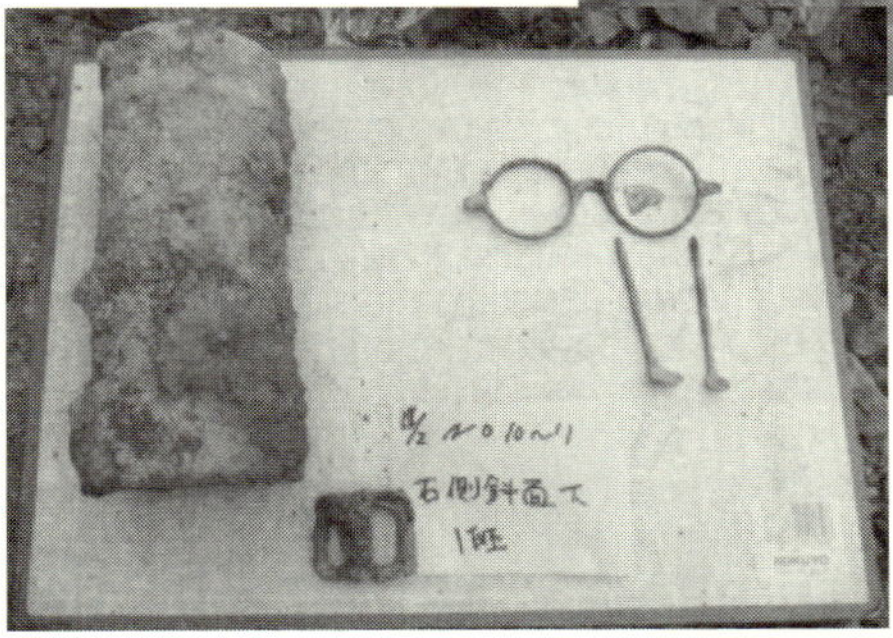

33

34

35

《写真36》この写真は近くの小学校の生徒たちが平和学習の一環として発掘現場を訪れたときの写真です。見学だけでなく短い時間ですが、体験発掘もやりました。私、こうやって現場を訪ねてくる子どもたちによく言うことなんですが、「大人の人でもこういう現場を見ることが出来るのは少ないんだよ。君たちは自分の目で見たんだから大人になったとき、真嘉比は戦没者の遺骨が出る場所だったんだよって言えるんだよ。君たちはテレビや本の沖縄戦でなく事実としての沖縄戦の現場を自分の目で確認したんだから、次の時代の沖縄戦の証言者だよ。この現場は来年は道路になっていて残る場所ではないんだよ。だから今日のことをしっかり覚えておいてね」。まあ、大体このようなことを言っています。確かに本土に住んでいる方でも我々よりも沖縄戦について詳しい方がたくさんいます。しかし、それはいわゆる学習による沖縄戦だと思います。書物や映像、あるいは聞き取り調査からの知識としての沖縄戦です。それに対して小学生の子どもたちは、土の中から出てくる最中の、または自分の手で掘り出した沖縄戦を確認したのです。そういう意味では、この子たちにはたとえ断片的であっても沖縄戦は継承されたと思っています。

《写真37》この写真は真嘉比でなく、西原町幸地の発掘の場面ですね。この写真の場所が埋没壕かどうか分からないが、まず掘ってみようと掘り出したところです。我々の作業は大体そういうもので十回やって一回か二回当たればいい方ですね。一日中掘って何も出てこないこともありますが、そういう時はここでは誰も死ななかったんだと思うようにしています。

《写真38・39》この場所で何ヵ月もかけて掘ったのがこの写真です。これまでの遺骨収集とい

36

37

38

39
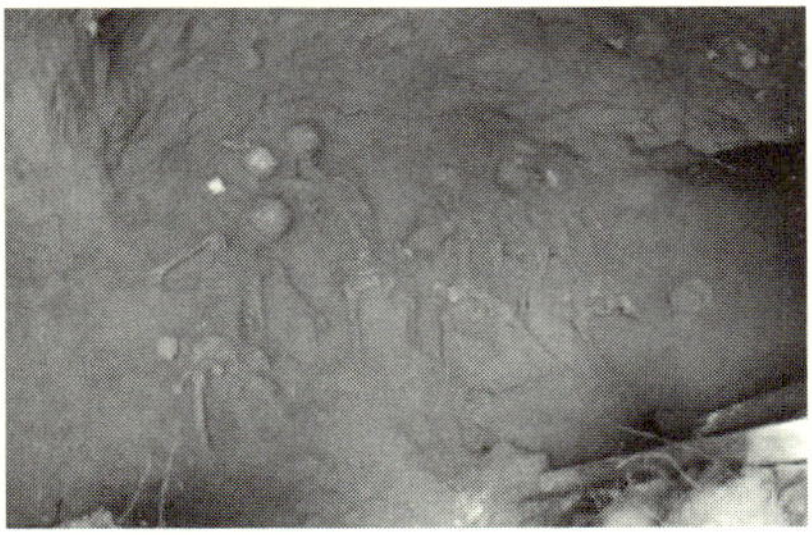

うと、掘って行くに従って見つかる骨を次々と取り上げていたんですが、この現場では遺骨を動かさずに回りの土を掘り下げてその姿を浮かび上がらせるということをやりました。それは遺骨の方の最後の姿を見てあげるのも亡くなった方への供養の一つだと思うからです。この場所は結局、壕が落盤して埋まってしまった埋没壕でした。中からは五体の遺骨が出土しました。《写真40〜42》四体は写真のようにうつ伏せで並んでいます。四人とも身体の背面の骨に砲弾の破片（手榴弾の破片でなく）が付着、または食い込んでいるのが確認できます。もう一体は完全武装兵で、着剣した小銃と共に四人とは少し離れた入り口側から出土しました。小さな薬缶と白い湯のみ茶碗があり、その茶碗に指が入っているのが確認できます。飲もうとしてそのまま息絶えたのでしょうか。発掘仲間の一人が無言で自分のペットボトルのお茶を供えているのが印象的でした。

《写真43》この写真は二〇〇八年六月二十二日に真嘉比で行った市民参加遺骨収集の時のものです。出土した全身骨の左腰あたりを何かあるということで丁寧に掘っています。

《写真44》出てきたのがこれです。仏像です。

《写真45》この写真にあるように、骨盤左側の位置ですから、おそらく軍服上着のすそポケットに入っていたと思われます、兵隊として人を殺す戦争に行くのに人間を救う仏像を持っていくというのも違和感という以上に、なにか悲しいものを感じますよね。

《写真46》日本軍の99式手榴弾です。壕の中から十体余りの遺骨と共に出土しました。その方たちほぼ全員手榴弾による自爆と思われます。何人かは正座した状態で胸の前で爆発させたの

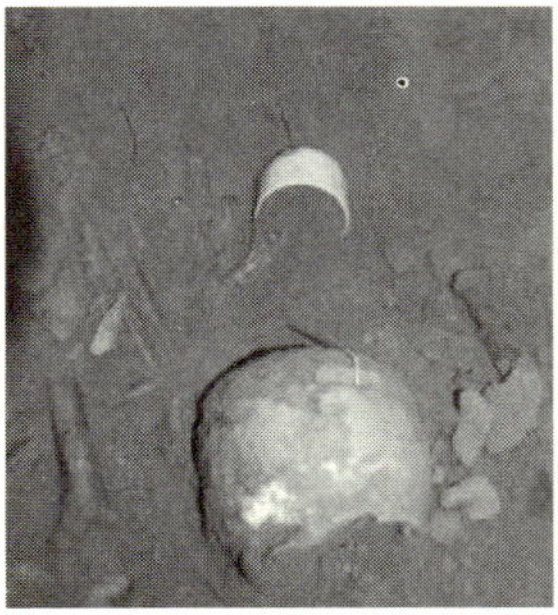

41

40

43

42

44

45

ではないかと推測しています。そして、この写真の手榴弾は爆発させようとしたにもかかわらず不発になった物だと思われます。それを説明します。手榴弾本体から人差し指の付け根にかけての円柱の先に錆びた台形の鉄があります、その鉄の部品を私は「ハンマー」と呼んでいます。そのハンマーの下に撃針が付いています。日本軍の手榴弾の使用法は安全ピンを抜いてハンマーを何か堅い物に打ちつけることによって起爆につながります。

《写真47》通常の未使用の状態の手榴弾との比較です。上が未使用状態です。ハンマー部がめり込んでないのが分かると思います。

《写真48》現場から出た遺骨の状態です。この遺骨は仙骨と言います。背骨の下で骨盤の真ん中になります。写真でいえば私の親指のところに背骨が連なっています。この仙骨に錆びた破片が食い込んでいるのが確認できます。

《写真49》ピントが合っていませんが、手に持っているのは頭蓋骨の破片です。それに破片が食い込んでいるのを写そうとしたのですが、確認は難しいです。代わりに写真右端真ん中の所にある大きな遺骨の左端に茶色の鉄錆びが見えますが、その骨は頭蓋骨の後頭部を内側から見た状態です、やはり鉄片が食い込んでいます、おそらく下顎辺りを砕きながら頭蓋骨の内側で止まったのかなと推測しています。実行する時、何を思っていたのでしょうね。

遺骨収集に関する写真の説明は以上で終わります。

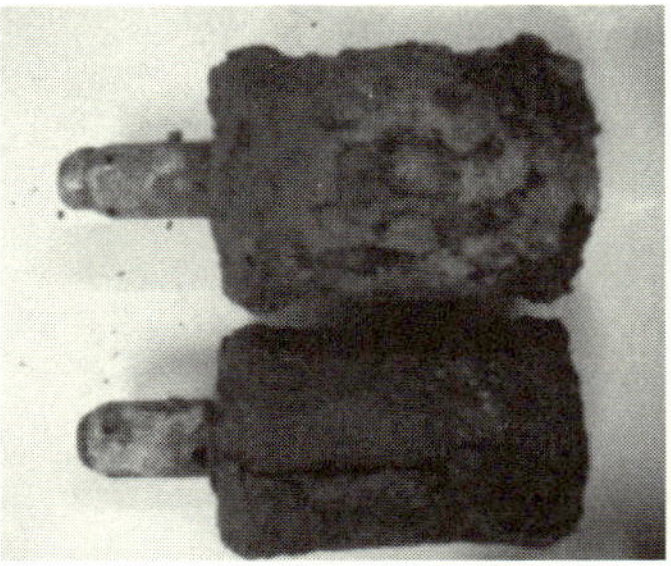

47

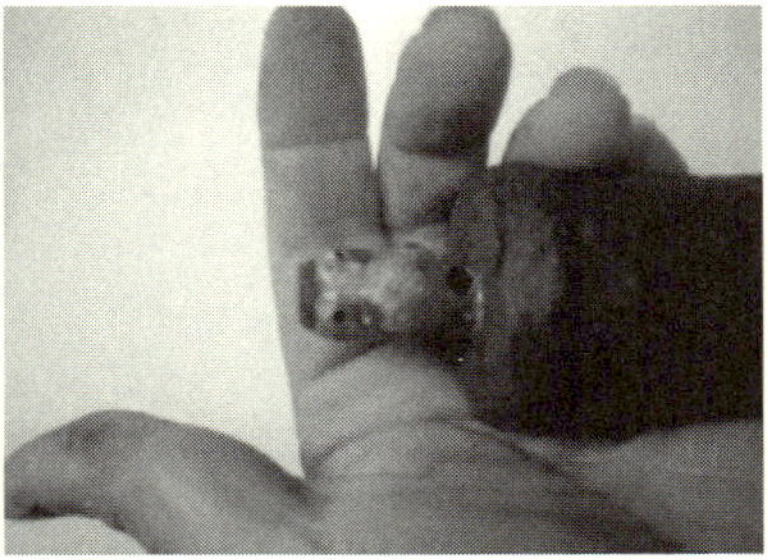

46

48

49

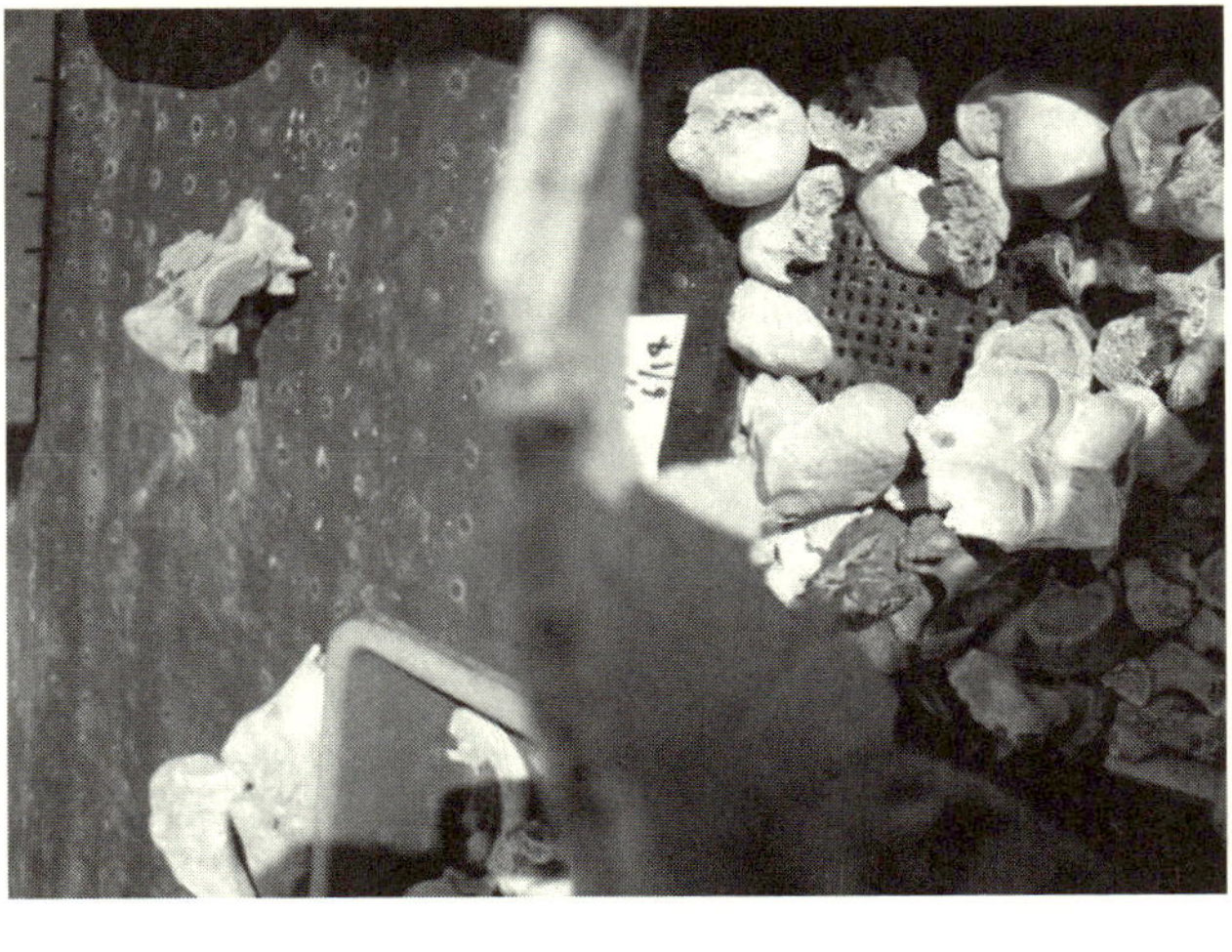

会場に、真嘉比の現場から出土した遺物を展示してありますので、その説明をしたいと思います。

真嘉比における緊急雇用創出事業としての遺骨収集が終了して、現場が土木業者に渡って業者が掘削工事を始めたら出てきた四体の遺骨がありました。こちらにあるのがその方たちの持ち物です。帯革、ベルトですね。バックルも付いています。このベルトに張り付いているのが日本軍の手榴弾です。もちろん火薬は抜き取ってあります。そして、この手榴弾にくっついているのが人間の骨です。腕の骨ですね。この骨をどうにかはがそうとしたんですが、無理にはがすと砕けそうなので自然にはがれるのを待ちます。この出土物が一国民の死の現場からの訴えであるということが皆さんに伝わればと願っています。

沖縄戦は、軍人より住民の犠牲が多かったことが特徴だと申し上げました。しかし、真嘉比は軍隊と軍隊のぶつかり合いの場所で、そこで勝った米軍が戦争が終わっても引き揚げることなく沖縄のあっちこっちに基地を作って今度は外国にまで出かけて殺し合いをしている。沖縄から出撃して沖縄戦の悲劇を他所で作り出している、そういう意味で沖縄に基地があることを認めたくないし、認め切れないんですよ。

緒方　具志堅さん、ありがとうございました。広島、長崎の順番でお渡ししますので、会場の皆さんからのご質問をどうぞ。

佐渡　広島会場の佐渡です。具志堅さんのお話を聞くと、やはり現場とか現物の持つ力というのを改めて感じざるを得ません。私たちは現場の発掘作業に参加したわけではないですが、映像を見るだけでもかなりのインパクトがありました。ですから、継承する中で歴史的事実を実体験できる場所を探していくという作業もやっていかなければいけないと思っています。

私は継承というのは、体験を原動力にしながら発信していくということだと思っているので、今回の具志堅さんの取り組みは大変インパクトがありました。一つお聞きしたいなと思ったのは、発掘作業をしたことの成果は、沖縄の中で残す取り組みというのはあるのかどうか、それをぜひ聞いてみたいなと思っています。

広島会場で、質問のある方はいらっしゃいませんか。

松田（広島修道大学学生）　子どもたちに戦争の姿を伝えるであろう遺骨が発見された場所がそのうちなくなるから、失われる前にこれを子どもたちに伝えることによって、子どもたちが次の沖縄戦の証言者になってくれるように、子どもたちに伝えようとしているというのを聞いて、私はこのような取り組みを沖縄だけでなく、広島、長崎、その他の日本の各地で戦争の被害を受けた場所でも行っていくべきだなと思いました。

佐渡　松田さん、ありがとうございました。彼の発言はコメントとして受け取ってもらえるとありがたいです。それではマイクを沖縄会場に戻します。

具志堅　ただいまの質問ですが、我々は、真嘉比の遺骨収集の現場を沖縄戦の戦跡として残してくれと、開発をやっている那覇市に最初から要望していたんですね。しかし、この現場の土地は全部那覇市だけのものでなく、個人の方たちも早く開発が終了して家が作れるようになるのを待っているという説明を受け、断念せざるを得ませんでした。それで私たちは、現場が残せないのなら記録だけでも残そうと、遺骨や遺物の出土状況を写真や記録に取りました、この出土遺物の分類、写真・記録の作業は今でも続いています。記録の終了した出土物については那覇市が管理、活用してくれることになっています。そして、これは那覇市に要請して了承してもらったことですが、真嘉比の地が沖縄戦の激戦地であったこと、そこでの戦没者の遺骨を掘り出してくれたのは社会的に弱者であるホームレスや失業者であったことを刻んだ記念碑を、新設される公園に建立することになっています。しかし、戦跡として残すということについては、今でもどうにかして残すことが出来なかったのかと自問しています。

子どもたちへの沖縄戦の継承ですが、本来は大人がこのような戦争があった場所を戦争遺跡として残して次の世代へつなぐ作業をしなければいけないのですが、それがかなわないのであれば、写真や記録、遺物の活用があるでしょうし、次に今の子どもたちに直接、確認してもらう、これは現場があるので出来ることで、これからの遺骨収集にも子どもだけと言わず大人にも現場での事実の確認をしてもらうということを考えたいです。

これは、学生や子どもたちに話をする時に大体言うことなんですが、遺骨収集をやっていて分かった大切なことが三つあります。一つは、人を殺すことはまちがっている、これは世界中の人種・宗教・国境をこえて認められることだと思います。二つ目は、自分が他人に殺されることを認めるのはまちがっている、要するに自分は殺されていい存在ではないんだということですね。三つ目は、自分で自分を殺すのはまちがっているということです。しかし、戦争の中ではこの三つが国のため、軍という組織のため、あるいは皇民化教育によって、誉れとして行われているんですね。そして、残念ながらこれらの考え方は形を変えて現代にも引き継がれているような気がします。それは「殺す」という言葉を「いじめ」に置き換えると分かります。会社や、学校、家庭の中ですら教育、指導に名を借りた意識できない「いじめ」はあります。それが不満のはけ口や無配慮からくるものであっても気が付かないようです。

国家から家庭という大小の組織の中で、上の者が下の者に指導する時、それを権利として捉えたものでなく、生きていく上での知恵を示すものであればと願います。いじめ続けられた人間はいつのまにか自分はいじめられてもいい人間なんだと思うようになります、そして、それが自分で自分をいじめるのに移行するのも想像に難くはありません。

今大事なのは、子どもたちになにかを求めることより、大人が自分たちの生き方に何が足りないのか考えるべきだと思います。私はこれらのことを遺骨収集を通して考えてきたのですが、沖縄戦の学習とは本質的に生存の為の学習だと思っています、それは二度とこのような人為的災難に会いたくない、これからの子孫に戦争にしないための知恵を探し出して伝えるのが私たち世代の役割だと認識しています。

緒方　まだ時間がたっぷりございます。長崎からお願いします。

舟越　私は一九四五年十月の生まれで、戦争の記憶など何もありませんし、長崎で育ったわけでもありません。

もう一つ別のエピソードをお話しさせてください。

この三菱長崎兵器製作所は文学作品にもなっています。長崎高等女学校の生徒だった十四歳の林京子は学徒動員中にここで被爆、その体験記『祭りの場』が芥川賞を受賞しました。

文教町の現三菱重工長崎造船所の敷地に慰霊碑があり、相当な人数の犠牲者の名前が刻まれています。私は一人で何回も見に行きました。そしてある日、証言活動をする被爆者の方と同行したとき、「何か気付きませんか」と問われましたが、私はそれでも気づきませんでした。なんとその慰霊碑に刻まれたお名前の半分ほどは女性だったのです。作家林京子の同級生やお友達とおぼしき高等女学校の女子挺身隊の方々、年齢は十四、五歳。指摘されて愕然としました。

いま具志堅さんのお話をメモしながら伺っていましたが、「軍人よりも住民が多かった」と言われました。そのお話と関連付けていえば、広島原爆では軍人が、長崎原爆では兵器生産に従事していた技師の方々がたくさん亡くなったということは読んだことがあるのですが、ひょっとすると技師の方々よりは学徒動員の中学生や女子挺身隊の高等女学校の生徒さん達の方が多かったのではないか、そんなことを考えさせられるのです。事実を検証せずにこれ以上語るべきではないと思いますが、ともかく予想をはるかに超える、数多くの、まだ幼い男女の学生たちが兵器生産に動員されたが故に原爆の犠牲になったというこの事実も第一級の価値をもつ事実だと私は考えます。

しかし、私は一人で何回も見に来たのに女性の名前が多いということに気づかなかった。しっかり慰霊碑を見れば読み取れるはずなのに読み取れなかったのです。事実の提示に加えてそれが持つ意味の説明が別に必要だということを私は言いたい訳です。

本島市長さんがかつて口癖のように、「世界のどこからも共感も共鳴も受けない理論（理想）をいくら言っても同じじゃないか」と言っていたことがあります。つまり、長崎が発する反核のメッセージは世界の共感・共鳴を得ているか自己検証すべきだという視点なのですが、前述の「先制攻撃―報復」の文脈で原爆被爆を位置づけるということが、まさに世界に受け止められる反核のメッセージということに関係すると私は考えます。

二〇〇八年二月、東京湾入り口の千葉県野島崎沖で漁船を沈没させて二人を死亡させた海上自衛隊のイージス艦「あたご」は長崎の三菱重工長崎造船所で、しかもかつて戦艦「武蔵」を建造した第二船台で建造されました。ところがそれに長崎の平和運動・反核運動は気付かなかったのです。長崎は歴史から何の教訓も得ていないと私は落胆しました。

長崎が原爆投下目標に選定された理由は、長崎が当時日本有数の兵器生産都市であったからだということは誰も否定できない事実だと考えます。近世の時代のように長崎が「世界に開かれた窓」であれば原爆とは無縁であり得たはずなのです。長崎が軍国主義に侵され、侵略と加害の街に変貌していたが故に原爆を招くことになったのですから、長崎は兵器をつくる街から脱却することが原爆被爆から学ぶ教訓であったはずなのです。

現実を見れば、イラク戦争に出て行った自衛隊の艦船は長崎で建造し、佐世保が母港でした。またその艦船に乗せたヘリコプター部隊も長崎県の大村駐屯地から出て行きました。また再び戦争に加担する長崎になっているのです。「ノーモア・ナガサキ」という言葉で継承されるべき理念を長崎は実践していない訳です。そう考えますので、「リメンバー・パールハーバー」を出発点にして反原爆の思想を構築し、二度と戦争をしないことがヒロシマ・ナガサキを再現しないことになるのだと語っていくべきではないかと私は考えています。

だから何を記憶し、何を語り継いでいくかということが、まさに決定的に重要だと私は考える訳です。

山川　長崎でも広島でもいま一番緊急な問題として、被爆者の高齢化という問題があると思います。長崎にも被爆者の集まりがいくつかあります。私が所属する「継承部会」の被爆者の平均年齢は七十六歳を超えるところまできています。この部会では一年間で一割ぐらいの被爆者が亡くなっていっています。被爆者がやがていなくなろうとするとき、被爆体験の記憶をどう引き継ぐのかというのが、当然一番大きな問題になるわけです。

私は原爆の跡が残っている場所を子どもたち、あるいは大人たちを案内しておりますが、本当にそういう場所は少ないですね。観光という面から長崎をいくら歩いても原爆の爪跡というのはたぶん見つけることができないわけですね。そういう意味であらかじめ原爆の跡はこういうところに残っているんだということを学んだうえで、例えば長崎でもいろんな団体が活動しておりますが、そこで学ぶということがどうしてもこれから後必要になるし、被爆体験はないけれども、被爆者の体験の記憶や思いを後に引き継ぐという、本当に強い決心をしている人たちもたくさんいらっしゃいますので、そういう人たちがこの後を継いでいくことになると思います。

最近、私は長崎を語り継ぐという点で希望を持てる経験をしました。爆心地から八百メートル離れた場所に山王神社というのがあります。そこの二つ目の鳥居、通称「二の鳥居」と呼んでおりますが、以前「片足鳥居」と呼ばれていたのですが、これは残った一本の柱の上に横になった石がのっていて、ちょうどアルファベットのＴの字のかたちで立っている鳥居です。よく見ると爆風と熱線の痕がしっかり残っています。そこから五十メートルほど奥に行くと、もともとの木の高さが半分になった「被爆くすの木」が見られます。二本のくすの木の向かって左側、というのは爆心地側ということですが、そのくすの木の被爆直後の写真を見ると枝が二つしか残っていません。背丈を伸ばしていたと思われる真っ直ぐ伸びた太い幹が途中からありません。幹周りが七～八メートルなのに、木の高さは十七メートルしかなくて半分になっているんですね。人間の体の半分というのは、ちょうどおへそのところだから、あなたのおへそから下しかこの木は残ってないんだよと、子どもには話します。上半分は爆風で千切れたわけです。

さて、この山王神社を関西のある中学校の生徒たちを案内した後に、「私たち被爆者は、もうあと数年でほとんど活動はできないという年齢になります。きょう皆さんが見た石の鳥居だとか、あるいはこのくすの木などの被爆遺構を大事に守っていけば、百年後でも〈あの日〉を語ってくれるのです。被爆体験を語り継いでるのは私たち人間だけではないのですね」と話しました。それから生徒たちと握手をして別れたわけです。

その後、その学校の先生からお手紙がまいりました。生徒たちは、「あのクスノキは原爆でああいう大変な目に遭ったんやから、大事にしていかなければいかんなあ」とか、「鳥居はやはりきちっと守っていかないとなあ」というような話をしていたそうです。そこで先生が、「山川さんは握手をするときに何と言われた？」と問いかけたら、生徒たちはすぐに次のように言ったというんです。

「そうか。そういうクスノキだとか、被爆遺構が大事にされたとしても、原爆は絶対あかん、戦争はどんなことがあってもだめなんや、こういうことが二度とあってはいかん、そう考えるような人間がいなければいかんのや、だからバトンタッチなんや！」と。

私が握手をしながら、「これは、かたちは握手なんだけど、実は皆さんへのバトンタッチなんだよね」と言ったわけですね。そのことを生徒たちが、確かに被爆遺構は、それはもう大事に残さんといかんと、しかしそれを見てどう思うかという人間をずっとつないでいくのがもっと大事なんじゃないか、それが「バトンタッチ」の意味なんだと生徒がとらえてくれたという、そういうお手紙だったのです。

私は、学ぶという場がいかに大事かということと、そういう機会を一生懸命私たち大人が準備をすることが大事なんだというような思いをいたしました。長崎、広島を語り継ぐというのは、決してこれは不可能なことではなくて、やらなければいけないし、絶対これは可能です。後の人をいかに育てていくかという、そのことに結び付けて、少しだけ私は希望を持ったことがありましたので、ちょっとお話をいたしました。

緒方　ありがとうございました。ここで、沖縄にもう五年ぐらいいらっしゃるジャーナリストの岡留安則さんにコメントをいただいて、その後、三会場を結んで討論したいと思います。

岡留安則（ジャーナリスト）　こんにちは、岡留と申します。長崎大学、広島修道大学、会場の皆さん、私は市民運動派でなくて、永田町や霞ヶ関の政治ウォッチが専門なんですが、去年も緒方先生におだてられてこの場に呼ばれて付き合ったことがあります。緒方教授は今年に入って腸のポリープを取って、来週は胆のうの手術をする、その後にまたポリープを取ると。こういう人が死にそうな体力で発表しておられると、私もついホロリとして、ちょっと場違いであるかという思いで参加しました。

さきほどの具志堅さん、二、三年前ですが、個人的に沖縄に来てお会いしました。いったいどういう人なんだろうと思って、「本職は何ですか」と思わず聞いてしまったんですよね。電気工事関係の仕事。それにしてはよくあれだけ執念みたいに熱心に遺骨収集されているんで、僕とまったく違う。いったいどういう人なんだろうと思って興味があった。一緒に話を聞いて思ったのは、タイとかのアジアで放浪の生活もされたようで、ある種の原体験になって、ライフワークになることを見つけられたのかなと思う。それにしてもそういう行政を相手にしながら、なおかつ民間団体として、ホームレスの人たちをうまく使いながらという、これは具志堅さんのアイディアなんですね。行政がやらなかったことを率先してやるという人たちでもありません。

ただ、沖縄がまだまだ遺骨が転がってると、普天間の跡地も、恐らく嘉手納の飛行場の下にも、当時戦争終わって米軍がコンクリートで空港を造ったわけですから、その下には恐らく、あらゆる数の遺体が、遺骨がまだ放置されてるんでないかという気がします。もちろん沖縄全土でも不発弾が見つかるし、まだいっぱいあるだろうと思う。余計な話ですけど、普天間基地の移転先として一時期、硫黄島が出た。これは東京都小笠原市にあります。ここは今現在海上自衛隊の夜間発着訓練場になってるんですね。米軍とも時々共同演習してるので、僕は硫黄島に普天間を持っていったらどうかということを共同通信の記者と組んで政治家を揺さぶったことがあるんですけど、そのときに実は社民党の山内徳信さんとかが見に行って、戦争で亡くなった遺骨の亡霊がいっぱい五百人いると、こんなところに基地はつくれないといって、山内徳信さんがひよってしまったんですね。僕は普天間の基地を辺野古に持っていくぐらいだったら、しかもどうしても国内ということであれば硫黄島がいいんじゃないか。国外ということであればグアムやサイパンを主張してるんですけど、これもまた日本軍の遺骨がいっぱい埋まってるだろうと。テニアンにも実際行きましたけど、沖縄の人たちの墓もいっぱいありましたし、まだまだ放置されてる遺骨があるんじゃないかと思います。遺骨といえば、まだ南洋のほうにも太平洋戦争の犠牲者の遺骨がまだまだいっぱいあるだろうと思うんです。そういう意味でいうとまさに沖縄戦は終わらない。

沖縄戦だけではなくて、もちろん広島、長崎も、たまたま沖縄は六月二三日が実質的な終戦、広島が八月六日、長崎が八月九日と、日本国家の勝手な戦争のおかげで最大の犠牲を被った。沖縄、広島、長崎がこうやって年に一回とはいえ、こういうかたちで平和の訴えを続けていくことに意義があるし、さっき具志堅さんがおっしゃったような現場を残す、遺跡として残すことも必要です。

今一つ思い出したんですけど、大田昌秀元知事に聞いた覚えあるんですけど、首里の地下には地下壕があって、陸軍参謀本部の壕はまだ残ってるし、大田さんは場所は分かってるという言い方してましたけど、そこを是非とも修復して、あそこの小緑にありますけど、海軍濠のようにして、まさに戦争の悲惨さを記録として残し、そこを平和教育で使ってもいいし、あるいは本土の修学旅行生にも公開して、日本軍はこういうふうにして、こういうところで最後まで戦ったことを広く知らしめるという意味では意義があると思います。

高瀬さんが書いてくださってる浦賀の天主堂にしても、これは先ほど大きなグラフィックで再現されてましたけど、是非是非これまた再現して、復元するというようなことを長崎のほうでも企画されたらどうだろうかという気がします。長崎でいうと、何ていうんですかあの銅像、あれを思い出すんですけど、なかなかあれはピンと来ないんですよね。大仏タイプというか、スポーツマンタイプが、何か座ってる感じがして、ちょっとそういう意味でいうと、せっかく世界でも貴重な被爆体験の県ですから、どういうふうに残すということがこれからの課題です。

最後に一つ、あまり長くなってもあれですけど、琉球新報に長崎の原爆の原稿を書いたんですけど、それは何かというと、やっぱり今の民主党政権はどうするべきかという問題をちょっと書いたんです。そこで書いたことは、民主党が政権交代して普天間に基地はつくらないといっていたのが、辺野古につくるといいだしたし、日本一貧しい沖縄に消費税10％を押し付けるような愚策を上げていますけど、やってるのが僕も三十年来も付き合いある菅直人という人です。もちろん奥さんとも付き合いあるし、家族付き合いもあるんですけど、その彼が総理大臣になるとそういうことを言い始める。ちょうど広島の平和式典でも言ってましたけど、要するに核の抑止力、これは必要なんだと、アメリカの核の傘は必要なんだということを言ってました。実は、二十年前から言ってるんです。だから彼は変節したわけじゃなくて、もともとそういう持論の人なんですけど、やっぱり一国の総理大臣が核の抑止力を必要だと無条件で認めてしまう。辺野古に基地をつくることも無条件で認めてしまうということに、そこに何の未来図もためらいもないところが、そこがちょっと怖いなと思って、民主党政権はもう菅さん早くやめて、小沢一郎に任せた方がいいという原稿を書きました。小沢さんがいろいろ問題があることは分かってますが、少なくとも民主党の政権交代の原点に戻ろうと言ってるのは小沢さんなんです。いろんな批判はありますけど、そこはむしろ小沢さんがもう一回政権交代の原点に戻れば、いろんな意味で日本の霞ヶ関も政治的な流れもよくなるんじゃないかと個人的に思ってます。

今民主党はもうガタガタで、私は沖縄でもずいぶんテコ入れしてきましたけども、私は東京に逃げようかと思うぐらい悲惨な状況を呈してます。これもまた民主党本部のあまりにもずさんな政策や指導力のなさが続いた結果だと思うので、最終手段として、どっちを取るかという選択で、僕は小沢一郎にまかせたい。小沢一郎は代表選で復権したほうがいいんです。仙石という人は僕も知り合いですけど一番悪い人ですからね、策謀家なわけです。それから枝野とか、そこらへんはもうどんどん霞ヶ関の官僚にやられっぱなしですから、彼らが政治主導で日本の政治をしていって、平和問題とかに配慮するようなセンスはないだろうと。どんどん小泉改革に近いような、そういうかたちの政治しかやっていけないだろうと思ってます。本当は、オバマを広島、長崎に呼べばいいと思う。

コメントになってないような気がするんですけど、ご勘弁ください。ありがとうございました。

緒方　岡留さんがこんなにしゃべるの初めてです。テレビに出ると無口なんですね。菅直人と三十年来の付き合いと聞いていますが、だから菅さんに少し肩入れしてるのかなと思ったら、そうでもないんで少し安心しました。広島会場、お願いします。

佐渡　広島の人たちというのは、実は大変熱い情熱家なんですが、その反面恥ずかしがり屋なところもあって、たいていこういう場面でどなたか質問ありませんかといっても、なかなか手を挙げてくださる方が少ないんです。その代わり、終わると駆け寄ってくださって、いつもそう思っていますよとか、私はこういうことを考えていますということを、大変情熱的に伝えてくださいます。

私自身は、きょうは長い時間皆様のお話を聞きながら、新しい発想をちょうだいしたように思いました。実はきょう参加するときに、次のようなことを皆さんにお話ししようと思っていました。恐らく沖縄会場と広島会場では私がどういうことを話したいと思っているかをまとめた紙がお手元にあるのだろうと思っています。

私は、継承を長期的に可能にしていくには二つのことが必要だろうと考えていると皆さんに提案したかったのです。一つが、現在の課題と連携をさせることです。すなわち今日の戦争というものを語る、今日の戦争被害を語っていくという手法です。もうひとつが被爆体験ないしは戦争体験というものを少し長期的にとらえて、戦後の復興という過程も含めて語り合うことです。これらの試みによって、被爆問題と現在を生きている私たちとの接点を広げ、そして継承が可能になるのではないか、ということをお話ししたいというふうに思っていました。

しかし、きょうのお二人の講演や長崎からのコメントを聞いていると、それとあわせて次のようなことも考えていかなければいけないなと考えるようになりました。つまり二つのことをきょうは学んで帰ることになったなと思いました。まず一つ目が、やはり現物、もしくは現場を残すということの重要性です。そしてもう一つが、それら残されたものを大切にし、それを伝えながら語っていくという人の心、この心を大切にはぐくんでいくということが非常に大切なのだということです。現物を残すということと、それらを大切にする心をはぐくむ、これらが継承を可能にしていく、私たちが今後考えなければいけない二つのことであろうというように思いました。

これらを実現することによって、恐らく私が前半でお話しした「追体験をし、そして発信をしていく」ということがより可能になっていくのではないかと思いました。ただし、では具体的に私自身がどこから手を付けるのですかと問われると、まだ今日ここで、あしたからこれをしますというようにお話しできないのがとても残念です。しかしこの二点、ぜひ大事にしながらあすからの作業もしていきたいなと思っています。

それではマイクを長崎会場に、お渡ししたいと思います。

山川　言葉に関わることですが、例えば先に触れたように、山王神社の鳥居は、以前は長崎市が出してる説明板には「片足鳥居」と書いてありました。足に障害を持っている人に対しての配慮がなかったわけです。そのように物事に対するする理解、本質的なものが見えてくれば、言葉っていうのはやっぱり変わってくるものです。「原爆が落ちてきた」は自然現象になってしまうんです。

長崎県は面積の半分は離島なんですけれども、離島における教育というのは、日本が抱えている教育のひずみが、まったく全部そこにそろっていて、日本の教育問題の縮図です。それと同じように、沖縄が抱えている問題、それから広島、長崎という被爆地が抱えている問題は、これは取りも直さず日本が直面しているものだといえます。単なる長崎、あるいは沖縄の問題ではなくて、これは日本全体にかかわる問題なんだということを、きょうのフォーラムを通して考えました。

それと、オバマ大統領のプラハでのあの言葉、「核兵器のない世界」は、被爆地との間に非常に大きなギャップがあるのではないかと思います。恐らく彼の頭の中には、核兵器がテロに渡ったらどうなるのかという「核テロの恐怖」からの発想です。これは結局「自国の安全」という考えに行き着くのではないかと思います。一方、私たち広島、長崎の被爆者は、「被爆の実相」からの「核兵器のない世界」という思いです。「核兵器のない世界」という言葉ひとつとっても、その動機は異なり、端的にいえば、「自国の安全」か「世界の恒久平和」かという問題になりそうです。

緒方　沖縄会場から高瀬さん、お願いします。

高瀬　皆さんのご意見をお聞きしながら、いろいろなことを感じさせられたのですが、手短にお話ししたいと思います。歴史の現場を残していくということが、いかに大きな意味があるかというのを、先ほどの浦上天主堂の話を例に、エピソードを申し上げたいと思います。アメリカの『タイム』という雑誌があります。この雑誌が一九六二年に広島と長崎の二つの都市を比較した記事を一頁、ビッシリと書いています。この中で、広島と長崎の違いをこういうふうに言ってるんです。このときは浦上天主堂の廃墟は撤去されています。

「広島は世界で唯一過去の不幸を宣伝している。長崎には八月九日の面影を感じさせるものはほとんどない。原爆反対のデモ隊が訪れたこともない。長崎は日本でも有数の国際的な都市としての地位を築いた。長崎は今を生きる強い決心がある」

長崎はアメリカに褒められているわけです。反対に、広島には原爆ドームがあり、その原爆ドームを政治的に利用しているんだというようなことを言っています。長崎には何もない。だからアメリカにとっては非常に都合がいいということをこの記事は一頁費やして書いています。戦跡が少しでも残っている、人の心を動かすものとして存在しているということとどれほど大きな違いがあるのか、アメリカはいかに長崎の浦上天主堂を気にしていたか、あるいは今でも原爆ドームを気にしているかということを指し示している記事だと思います。

それから先ほど舟越先生のほうから出た長崎の加害者性といいますか、それは私も非常に関心を持っているテーマです。実は私の両親とも被爆者です。父親は間接被爆ですが、三菱に勤めておりました。つまり被爆者でありながら三菱という兵器を作っている会社の関係者でもあったということです。もちろん父親はそのとき兵器製造に直接関わっていたわけではありませんが、被爆地の持っている被害者性と加害者性、ここのところをもっと考えていかないといけないんだろうなということを強く感じました。

それから山川先生がご指摘になったところも、なるほどと思いました。もう一つ付け加えるならば、唯一の被爆国という言い方があります。これが本当に日本の中では当たり前のように言われているわけですが、立ち止まって考える必要があります。確かに国という単位でいうと唯一の被爆国といっていいのかもしれません。ビキニ環礁とか、そういうところでは核実験によって被爆していますが、戦争で被爆した土地ということでいえば、「ヒロシマ、ナガサキ」を経験した日本は唯一の被爆国です。しかし、朝鮮人の方もたくさん長崎では亡くなりました。七万四千人の方が亡くなっていますが、その中で一万人は朝鮮人の被爆者の方です。大変な数ですね、この数は。だから潘基文国連事務総長がおととい長崎に来たときに、あの爆心地の公園のすぐ横のところにある朝鮮人被爆者犠牲者の碑に花を手向けて、潘基文という名前を書き入れました。唯一の被爆国ということによって、われわれの視野というのが狭められてしまっていますが、実はそうではない、もっと非常に国際的な広がりがあるものなんだということを、もう少しいろんな言葉の問い直しの中から考えていかなきゃいけないのではないかなと、今回感じております。

それから、全先生がなさっているプロジェクトは非常に興味深く拝見しました。あの浦上天主堂が普通の住宅のところからどういうふうに見えていたのかというのを初めてきょうの再現映像の中で見ることができました。非常に新鮮でした。現物がなくなった以上、これをどう復元するかというのは非常に難しい話ですし、仮に復元したとしても、それはしょせんレプリカにすぎないということになります。しかし、こういうかたちで、デジタル時代ですから現場の様子をしっかりと再現していって、それを世界へ発信していくということをぜひやっていければと思います。ありがとうございました。

緒方　もうあと何分しかないんですが、せっかくですから、あそこちょっと説明してないのがありますよね、あの掘り起こしたアメリカの小銃とか。

具志堅　説明していきます。これは石膏で型をとって作ったレプリカです、真嘉比からの出土ではないんですけど、那覇市と南風原の境にナゲーラと言う地名の場所がありまして、そこにある野戦病院壕をナゲーラ野戦病院壕と呼んでいるんですね、その壕の中から出てきた遺骨のレプリカです、いや、生きている人から治療のために切り取った骨ですから遺骨とは言いません、正確に言えば治療の為の医療廃棄物になるかと思います、大きさからして多分大腿骨の破片だと思うんですけども、片方はギザギザになっていて砲撃による破折と思います、もう片方は真っすぐな平面です、この面は治療の為切り落とした跡だと思われます、のこぎりの痕も残っています、このことから何が言えるのかというと、ナゲーラ野戦病院壕では実際に傷病兵の治療行為が行われていたんだということだと思います。

こちらが真嘉比で遺骨と共に出土した日本軍のボタン類です、これは陸軍の戦闘服の上着のボタンです、材質は鉄です。このボタンの材質には種類が三種類ありまして、古い順に言うと真鍮・鉄・ベークライトとなります、ベークライトというのは石炭を原料にして作られたプラスチックの様なのです、これは戦時下で金属が不足していく過程を表わしていて、着けている戦闘服のボタンの材質でその遺骨の方が古参兵なのか新兵なのか区別する手がかりにすることが出来ないか考えています。そして、この緑色の小さなボタンが防暑襦袢のボタンですね、防暑は暑さを防ぐって書きます。洋服で言うとワイシャツみたいな感じです。遺骨が出てくると き戦闘服のボタンは一緒に出てこなくてもこの防暑襦袢のボタンはほとんど出てきます、それは戦闘服は着けて無くても肌着は着けているということで、もし、防暑襦袢のボタンも軍袴と呼ばれるズボンの黒いボタンも併出しなければ民間人の可能性を考えます。そして遺骨と共に戦闘服のボタン、先ほど向こうで言ったベルトのバックルが出土したら、その方は戦闘状態であったんだと推定しています。日本軍にとってベルトというのはズボンの為のものではないんです、陸軍のズボンはベルトでなく紐で締めるようになっていて、その上をすその長い戦闘服の上着でおおい、その上着の上に革製の太いベルトをしめ、そのベルトに銃剣や六十発または百二十発の銃弾の入った弾薬盒など重い装備品を固定する為の物なんです。これまでも埋葬遺骨や壕の中の傷病兵と思われる遺骨はバックルを伴わないのが多いです。

これはアメリカ軍の小銃、Ｍ１ガーランドです。この銃の出土したのは真嘉比に隣接したシュガーローフヒルです。普通、戦場に遺棄された武器というのは負けた側のなんですね、持ち主が死んだか降伏したか負傷したかを意味するのですが、アメリカ軍の小銃が出てきたのはこれが初めてです。日本軍の小銃っていうのはいくらでも、いくらでもって言うと語弊がありますけど、これまでの遺骨収集を通して出てくる武器のほとんどは日本軍のですね、アメリカ軍の武器が出てきたのはこの真嘉比、隣接するシュガーローフまでです、この地域ではアメリカ軍も犠牲を出したという物証になるかと思っています。

これが日本軍の陶器製手榴弾です。先ほど写真の中で大腿骨の側にあったのがこれです、戦時下で鉄が不足して代わりの材料として陶器で作ったのがこれですね、今回の真嘉比の現場なんですが一つの小さな尾根を境にして西側が陸軍、東側に海軍陸戦隊が布陣していたと思われます。この陶器製手榴弾は東側の海軍陸戦隊の区域だけから出ています。それから、これは日本軍とアメリカ軍の小銃弾なんですが。私たち今回の遺骨収集で遺骨の出土状況を記録に残すことをしたのですが、遺骨だけでなく遺物も記録を取っています。それで、この小銃弾なんですが、あまり数が多いので試しに数えてみたんですね、十月九日から十月三十日まで出た数ですが、アメリカ軍が五百十一発、日本軍が五発です。比率は百対一ですよね、沖縄戦に参加して生き残った方の証言によくこういうのがあります。アメリカ軍に発砲したら百発くらい返ってきた。これを私自身単なる大げさな比喩かなとこれまで思っていたのですが、出土物が体験者の証言を裏づけする結果になっている。このことはこれから体験者無き時代を迎える沖縄戦の検証、継承に戦争の現場である戦跡が新たな証言者になり得るということです、その時大事なのは戦跡という空間を研究者だけの研究空間にすることなく市民が主体的に作り上げて行くということです。

緒方　きょうはどうも長時間ありがとうございました。

〈追記―緒方〉

ガマフヤーの具志堅さんと共に遺骨収集の現場に行った。

年末の冷たい雨の降る日、場所は那覇から少し南、与那原の運玉森。ここにはバイパスが出来る予定だが、その前に遺骨収集を終えなければいけない。バイパス予定地の下の道路わきにテントが張ってあった。横には作業用の事務所。掘り出された弾薬や手榴弾、薬瓶、ボタン、地下足袋の底のゴムが棚に並ぶ。傍らには、荒崎海岸から出てきた遺骨が白い布をかけられていた。手を合わせて拝んだ後、布をとった。大柄な男性。歯を含む頭蓋骨はＤＮＡ鑑定のため厚生労働省へ預けてある。具志堅さんが説明してくれた。「大腿骨が斜めに割れている。腰の骨と左足が無い。これは砲弾が腰に当たり骨が折れ、足が吹っ飛んだのではないか」。即死に近かったのだろう。軍服の緑のボタンが出てきたので間違いなく軍人だ。両親、兄弟、姉妹がいたかもしれず、妻や子供、あるいは婚約者がいたかもしれない。しかし頭蓋骨がないため恨みも怒りも感じることが出来ない。頭蓋骨の眼窩と歯があれば、生前の顔形を想像し、訴えているとことも少しは察知出来るような気がするのだが……。

厚生労働省の係官は、頭蓋骨を預かったものの、遺族からの申請がなければＤＮＡ鑑定は出来ない、と答えたとのこと。遺族？　六十七年前に亡くなった人の遺族が簡単に見つかるだろうか。沖縄では遺体の腐敗が早く、骨も同様。唯一歯が残っていればＤＮＡ鑑定が可能だと判明したばかり。ＤＮＡ鑑定料は遺骨一体あたり五万円かかるそうだ。具志堅さんは「人を赤紙一枚で家族からひき離し戦場に連れ出しておいて、死んだらそのままとはどういうことだ」と言っている。彼は、沖縄にはまだ身元不明の遺骨が地中に三千体以上は眠っている、と推測。国の責任で全ての遺骨をＤＮＡ鑑定し、家族の元に返すのが当然だろう。

最近の遺骨鑑定の結果、千葉から来た兵隊さんの身元が確認出来た。しかし地元に知らせると、奥さんも子供も亡くなっていた。親戚が出してくれた葬式（実に六十六年ぶり）で飾られた遺影は、男性の出征した時の二十代前半の姿、横に奥さんの写真があった。彼女が亡くなる前の八十歳近い姿だった。夫の死を聞かされた後、六十年以上も経ってようやく遺骨が戻って来た。しかしその時には、待っていた人たちは既に亡くなっていたのだ。

具志堅さんと一緒に運玉森に登った。数百メートル四方の木は伐採され、高い所だけに森が残っている。カッタウェイという場所だ。犬歯という意味だそうだが、辞書にはその意味はなく、おそらくは尖った部分を指しているのだろう。急ごしらえの細い段々を上ると、先は道はなく、森がはがされ、土が露出している。雨が強くなり、足元が悪いため、そこからかつての戦場を見まわした。数十メートル上では、稜線を挟んで時には二十メートルの至近距離で日米の兵隊たちが手榴弾を投げ合った。「米軍の投げた手榴弾をつかんで再び米軍に投げ返したり、米軍もその逆に日本軍に手榴弾を投げ返す」激戦だった。ここでは歩兵第八十九連隊と米軍の第九十六師団三百八十三連隊が対峙した。

インターネット上に「運玉森の戦闘（五月五日～五月二十三日）」が詳しく載っている。連隊人員は二千八百七十六名、歩兵大隊人員は七百九十八名、と記してあるが……。

横のスペースには―歩兵第八十九連隊は北海道旭川市での編隊であり、北海道出身の下士官・兵が多い。総員数については二月に赴任してきた将校の氏名すら不明の部分があり、防衛隊の正確な数は不明である。―

五月十二日には一個小隊全滅、十三日、米軍は戦車部隊の支援を受けて正面攻撃、十四日には米軍の一個小隊が死傷、十五日には（連絡のため）小隊から六名の兵士を送り込んだが、移動中に全員が日本軍の砲弾に倒れて二十五メートルの崖下に転落した、等の記述が見られる。

我々が立った場所からは送電線の鉄塔とはるかに中城湾が見える。日本軍は、海上からは米艦艇からの艦砲射撃を受け続け、至近距離からは戦車や歩兵の攻撃にさらされた。十九日間にわたる戦闘は、梅雨の真っただ中で行われた。旭川から来た兵隊たちは亜熱帯の雨に打たれながら、地獄図絵を見続けなければならなかったのだ。

運玉森での戦闘で生き残った老人の話が沖縄タイムス（二〇一二年一月八日）に載っていた。糸満市に住む伊禮進順さん（八十六歳）は「戦は惨め、人が人じゃ無くなる」と語る。「僕が居た第二小隊は四十八人。午前十時から戦闘は午後六時ごろに終わったが、ふと周囲を見渡すと、みんな血だらけになって倒れていた」。二人を残して全員死亡。負傷して与座の病院壕に潜んだ。「薬も飯もない。軍医もいない。（略）死体を横に、戦友から出たウジが浮いている水も飲んだ」。その後、九月十四日に捕虜になるまで、沖縄戦終結も日本の敗戦も知らず死と対決しながら生きていた。「本当に地獄でした」「何度でも言う。戦争は二度とやっちゃいけない」。

あとがき

緒方　修

「先が読めないものですから……」という言葉が耳に残っている。沖縄戦の記憶の継承について、彼に存分に語ってもらいたかった。八月に予定されていた土曜教養講座の講師の一人として、了解をもらっていた。ところが一ヵ月前に電話が入り、出席出来るかどうか分からない、「先が読めないものですから……」。

屋嘉比収《やかびおさむ》氏と電話で話した時のことだ。

私が沖縄大学地域研究所長に就任したのは二〇〇八年の四月。副所長は屋嘉比収准教授であった。会議出席や共同研究班の運営など主要な仕事は全て彼にお任せし、私は定年までの三年間を名誉職的な所長として過ごせば良い、はずだった。ところが一ヵ月後、五月の連休前だったと記憶している。「お話があります」と現れた。巨体と言って良いほど太った身体、眼鏡の奥の優しい眼、温厚な性格そのもののしゃべり方。その彼が身を縮めるようにして、「実は大腸ガンが再発しまして」と口を切った。私がどんな対応をしたかは覚えていない。

「手術から五年たって再発した。休職して治療に専念したい」。

それから一年半後、一冊の本を贈呈された。『沖縄戦、米軍占領史を学びなおす』（世織書房、二〇〇九年一〇月三〇日第一刷発行）。帯には「記憶をいかに継承するか」と記してある。挟み込みのメッセージには、「毎週の治療により、徐々にではありますが少しずつ回復の方向に向かっております。病気治療のことだけを考えると気が滅入ってしまうので、その合い間を利用して、これまで書いた文章を一つにまとめてみました」。その後は、休職中にもかかわらず本を発刊することについての、著者らしい配慮が続いていた。闘病中にもかかわらず、分厚い本をまとめた精神力に感嘆し、やがて復帰する日が近いと期待した。

広島・長崎と遠隔講義システムで結んだ公開講座は、各々の問題点を浮かび上がらせた。長崎の舟越氏からは「死んだ人はまだ幸せ、生きている方が辛い」と聞かされた。広島の佐渡氏からは「中高生の時に悲惨な話を聞かされ過ぎて、食傷気味なところがある」。沖縄会場では学生たちがまったく何も聞こうとしていないことが衝撃だった。それでも、この本は長崎の天主堂の取り壊しのことや、沖縄の遺骨掘りの現状を良く伝えている、と思う。

屋嘉比氏の話に戻ろう。「戦後世代の私たちは、そのような戦争体験者の祈りを共有しながら、沖縄戦の記憶を次の世代の子どもたちへどのように引き継ぐことができるのだろうか」（前掲書一四六頁）。そして、「自らの被害だけを記憶し、想起」している「語り」は他者に対し分有されることはない、と述べている。

このあとがきは、屋嘉比氏が生きていれば当然彼によって書かれるべきものだった。反基地派の一部の人たちの猛々しい言い方とも、基地推進派の狡猾な物言いとも違う説得力ある文章が綴られていたに違いない。「先が読めない」現状を、君ならどう切り開こうとしただろうか。僅か一ヵ月だけの副所長では無念が残っただろう。「記憶をいかに継承するか」に君は力を注いでいた。その遺志を少しでも受け継ぐことが出来ただろうか。

地域研叢書としては異例のことであるが、この一冊を今は亡き屋嘉比収氏の霊前に捧げたい。

編　者
沖縄大学地域研究所
1988年設立。「地域共創・未来共創」を旗印に、まちづくり・シマおこし戦略を大学間および離島との高大連携で展開中。

報告者
糸数　慶子（いとかず　けいこ）　参議院議員
佐渡　紀子（さど　のりこ）　広島修道大学准教授
野中　章弘（のなか　あきひろ）　立教大学教授
高瀬　毅（たかせ　つよし）　ジャーナリスト
舟越　耿一（ふなこえ　こういち）　長崎大学名誉教授
全　炳　徳（ちょん　びょんどく）　長崎大学教授
山川　剛（やまかわ　たけし）　活水高等学校非常勤講師
具志堅隆松（ぐしけん　たかまつ）　沖縄戦遺骨収集ボランティア「ガマフヤー」代表

コメンテーター・特別寄稿者
岡留　安則（おかどめ　やすのり）　ジャーナリスト
大熊　忠之（おおくま　ただゆき）　広島修道大学名誉教授

戦争《せんそう》の記憶《きおく》をどう継承《けいしよう》するのか
——広島・長崎・沖縄からの提言——

2012年 3月19日　第１刷発行

編　者
沖縄大学地域研究所《おきなわだいがくちいきけんきゅうしょ》

発行所
㈱芙蓉書房出版
（代表　平澤公裕）
〒113-0033東京都文京区本郷3-3-13
TEL 03-3813-4466　FAX 03-3813-4615
http://www.fuyoshobo.co.jp

印刷・製本／モリモト印刷

ISBN978-4-8295-0552-6